초등 학년별 인성교육 : 5학년 치유

KB074449

2021년 11월 26일 처음 펴냄

지은이 이보경
펴낸이 신명철 | **편집** 윤정현 | **영업** 박철환 | **경영지원** 이춘보 | **디자인** 최희윤
펴낸곳 (주)우리교육 | **등록** 제 313-2001-52호
주소 03993 서울특별시 마포구 월드컵북로 6길 46
전화 02-3142-6770 | **팩스** 02-6488-9615 | **홈페이지** www.urikyoyuk.modoo.at

© 이보경, 2021
ISBN 978-89-8040-784-2 03370

*이 책의 내용을 쓰고자 할 때는 저작권자와 출판사의 허락을 받아야 합니다.
*잘못된 책은 바꾸어 드립니다.
*책값은 뒤표지에 있습니다.

>>> 초등 학년별 인성교육 : 5학년 치유 <<<

비폭력 대화로 마음을 위로하고 회복 탄력성을 키우는 치유 수업

이보경 지음

우리교육

수업에 들어가기 전

성장주기에 따라 집중해서 교육할 인성 덕목도 다릅니다

2016년 12월 24일, 디스크 수술을 받고 병원에 누워 있었다. 2인용 병실에서 옆 환자가 계속 바뀌었는데, 운신이 가능해진 어느 눈 많이 온 날 나 혼자 병실을 쓰게 되었다. 고요한 병실에 혼자 있으니 자유로움이 느껴졌다. 새벽에 문득 깨어 창밖을 내다보며 사람 하나 없는 병원 밖 풍경에 시선을 두니 마음이 평안했다. 이 순수한 평온을 사람들이 자주 느낀다면 얼마나 좋을까? 고독하지만 살아 있고 건강해짐에 감사하며, 나를 지켜봐 주는 가족이 있다는 묘한 안도감, 그러면서 다시 무엇인가 시작하고 싶다는 의지가 일어났다.

그때 나는 동화 연구를 하며 현장에서 아이들의 마음을 살리려고 노력하는 한 초등학교 선생님의 책 두 권을 열심히 읽는 중이었다. 몸이 회복되면서 두 아이의 엄마로서 더 이상 아프면 안 되겠다는 다짐과 더불어 내년에 만날 아이들과 어떤 책을 함께 읽으며 이야기를 나눠야 할까까지 생각이 미치자, 여러 가지 아이디어가 머리에 떠오르기 시작했다. 그 상념으로 아픈 시간과 혼자 있는 시간을 견딜 수 있었다. 몸이 좀 살만해지니 머릿속으로 가르칠 내용을 기획하다니, 이것도 일종의 긍정적인 직업병 아닌가 싶다.

그림책과 동화책으로 인성교육을 해 보자는 생각은 예전부터 해 왔고, 도덕 시간에 한두 권씩 읽어 주고 수업 자료로 활용한 지는 오래되었다.

통일과 관련하여 가르치면서 《엄마에게》서진선 지음, 보림, 2014라는 작품을 읽어 준 적이 있다. 읽어 주면서 나도 눈물이 났지만, 한 4학년 남학생이 눈물을 참다가 끝내 흘리는 모습을 보면서 이야기의 힘이 얼마나 센지 확실히 느꼈다.

환경 문제를 생각하게 하기 위해 《양철곰》이기훈 지음, 리잼, 2012이라는 글 없는 그림책을 넘기며 보여 주었는데, 아이들은 무척 인상적이었나 보다. 한동안 복도에서 나를 만나면 "양철곰 또 보여 주세요." 하면서 따라다니는 아이도 꽤 있었으니 말이다. 이렇게 이야기를 좋아하는 아이들의 마음에 무엇인가 심어 주고 싶다는 생각이 점점 강해졌다.

퇴원 후, 겨울방학 동안 본격적으로 기획해 1학년에서 6학년까지 각 학년 9차시씩 총 54차시의 '인성 수업' 틀을 만들었다. 틀을 만들고 나니, 각 학년 독서력에 맞는 동화를 찾는 것도 중요하지만, 어떤 동화를 어떤 기준으로 제시할 것인지가 고민이 되었다. 2015 개정 교육과정의 '한 학기 한 권 읽기' 운영에 도움되는 책들이 쏟아져 나왔고, 다양한 책을 사 보거나 빌려 보며 정보를 정리하였다.

하지만 책은 수업 시작의 불씨일 뿐이다. 이 귀한 불씨를 살리는 풀무는 교사의 가치관과 구체적인 활동 디자인이다. 예를 들면, 2학년 아이들과 《틀려도 괜찮아》마키타 신지 글, 하세가와 토모코 그림, 유문조 옮김, 토토북, 2006를 읽고 여러 이야기를 나누고 나서, 용기를 갖는 것이 중요하다는 것으로 끝내서는 안 된다. 아이들의 삶과 연결하는 나름의 전략을 짜고 흥미도 생각해야 한다. 그 방법이 《보글보글 마법의 수프》클로드 부종 글·그림, 이경혜 옮김, 웅진주니어, 2006라는 책에서 아이디어를 얻어 주문을 외치는 것이었다. 상담학에서 말하는 마이켄바움의 '자기교시법'이다. 아이들에게 마녀 모자를 쓰고 별 스틱을 들게 한 후 "수리수리 마수리, 내가 떨릴 때, 엄마가 옆에서 나를 안아 주고 있다고 생각하고 힘을 내라, 뿅!" 이렇게 자신만의 전략을 외치도록 하였다. 결국 동화 이야기를 '아이들의 삶과 연결하는 것'이 책을 통해 제대로 인성 수업을 완성하는 것이고 이는 교사의 중요한 역할이다.

그러나 이러한 활동 디자인은 혼자 하기 버겁다. 아이디어의 고갈, 나의 스타일이 가져오는 지루함에서 벗어나고 싶을 때가 있다. 이럴 때마다 환기해 준 것은 나의 오랜 동료인 '마음별두드림 연구회'다. 2012년 수석교사가 되면서부터 운영해 온 '마음별두드림 연구회'는 올해로 9년 차가 되는 도덕, 인성, 상담교육 연구회다. 대부분의 연구회가 그렇겠지만, 처음에는 다양한 수업 모형 개발, 수업 자료 개발로 지극히 과업 지향적인 연구회였다. 덕분에 2017년에는 교육부장관상까지 받는 동아리로 성장했다. 이제는 연구회원들과 동고동락하면서 어느덧 서로의 인생사도 털어놓는 귀한 인연을 이어 가고 있다. 모두가 교양인교감/교장 양보인으로 아이들과의 좋은 수업만 생각하는 멋진 선생님이다. 이분들이 나에게 보여 준 교사로서의 성실성과 책임감이 이 책을 쓰는 데 영감이 되었다. 여유와 이해심의 최고봉 남영분 선생님, 딸을 인터넷 강의만으로 서울대에 합격시킨 아이디어맨 함성자 선생님, 동화 소믈리에 최민성 선생님, 삶에서 신앙심과 성실함을 몸소 보여 주시는 이영주 선생님, 교직계의 마당발이며 빠른 일처리 능력자 이정숙 선생님, 모두 감사한 인연이다.

2017년부터 전 학년 전교생을 대상으로 인성교육을 기획하고 구체화, 운영하면서 수업 공개를 통해 단순해 보이기 그지없는 프로그램을 정교화해 나갔다. 선생님들이 '마음별두드림' 인성교육의 존재를 서서히 알게 되었다. 아이들을 위해 만든 워크북을 나누기는 하지만, 이것을 수업에서 어떻게 적용하고 어떤 모습으로 운영하는지 궁금해하는 동료가 늘어났다. 그래서 일종의 해설서가 필요하다는 생각이 들었고, 아울러 방법을 알리는 것 이상으로 인성교육이 아이들의 마음에 가 닿고 삶을 변화시키거나 풍요롭게 만들기 위한 기획이 중요하다는 것도 알리고 싶었다.

교과 교육 뿐만 아니라 생활교육도 이제는 '건전한 민주시민을 기르는' 체계성이 필요하다는 것은 모두가 인정하는 것처럼, 인성교육 또한 그러하다. 내가 기획한 인성교육의 체계는 이렇다.

6학년: 진로(꿈 키움)

5학년: 정서(마음 키움)

4학년: 우리(우정 키움)

3학년: 우리(공감 키움)

2학년: 자신감(자존감 키움)

1학년: 나와 주변(다양한 미덕 교육)

이 책은 4년간 이루어진 각 학년별 인성교육에 대한 기획의 소개이자 실천 과정에 대한 보고다. 학년별로 강조된 점을 위해 어떤 자료들을 어떻게 활용했으며. 이 과정에서 아이들의 반응은 어떠했는지 쉽게 풀어내려고 노력하였다. 아울러 25년간 교직 경험을 통해 학년별 발달 특징 및 인성교육 영역에서 이슈가 되는 것들에 대한 나름의 견해도 적어 보았다.

해마다 학교에서 교육과정 운영에 대한 전반적인 평가나 의견들을 들어 보면, 교육과 관련된 모든 구성원이 한결같이 '인성교육'을 가장 많이 이야기한다. 그런데도 구체적인 가치나 실천에 대한 논의는 많지 않다. 이 책이 인성교육 실천 방법의 한 갈래를 안내하고, 더 나은 인성교육 실천을 위한 풀무가 되기를 소망한다.

인간다움을 끌어내고, 인간다움을 잃지 않으며, 인간다운 삶을 선택하면서 자신과 타인의 삶을 행복하게 만드는 '참사람'을 길러내는 인성교육을 조금이나마 시도한 노력의 결과물이라고 자부한다. 결과로서가 아니라 성장 과정의 한 지점에서 이만큼 정리했다는 것에 대해 스스로를 도닥이며, 다른 동료나 학부모가 새로운 인성교육에 대한 영감을 떠올리는 한자락 단서가 되길 바란다.

이 책이 나오기까지, 가장 고마운 사람들은 따뜻한 마음을 갖고 열정적으로 수업에 참여해 준 풍산초와 오마초 학생들이다. 학생들과 다양한 활동을 하도록 지원해 주신 교장 선생님, 교감 선생님, 그리고 관심 있게 지켜봐 준 동료 선생님들께도 감사하다. 무엇보다 이 책을 편집하느라 고생하신 윤정현 편집장님을 비롯한 우리교육의 모든 선생님께 고개 숙여 감사드린다.

차례

6차시

친절해지는 방법을 알려 주세요

7차시

사람은 누구나 저마다의 아름다움이 있어요

8차시

경청을 통해 공감하는 방법을 배워요

프롤로그

12살, 자기 마음과 생각을 막 표현하기 시작하는 나이

5학년은 참 재미있다. 사춘기 기운이 여기저기 일어나고, 특히 이성에 관심도 많아진다. 아이들에게 소원을 말해 보라고 했더니, 장난 반 진담 반으로 "여자 친구 생기는 거요."라고 말해서 아이들과 한바탕 웃은 적도 있다. "드디어 그분이 오셨군." 하고 대꾸하는데 여기서 '그분'이 '사춘기'임을 읽는 아이가 많다.

4학년과 달리 장난기와 더불어 의젓함도 나타나면서 지적인 호기심이 많은 아이, 그런 것을 잘난 척하듯 드러내는 아이도 있다. 그래서 형식을 갖추어 토론 수업을 하기에 적당하다. 인터넷에서 지식을 끌어모아 나름대로 편집하고 자기 생각과 섞어 말할 수 있다. '동물원의 존폐', '사람을 공격하는 개의 안락사 여부', '교실 내 CCTV 설치 여부', '학생 교복 착용 찬반'에 대해서도 무난히 토론할 수 있다. 지적 호기심이 자의식의 발달과 맞물려 토론에서 두각을 나타내거나 철없이 말하던 아이들이 수줍어하며 말을 아끼는 묘한 현상도 나타난다.

'콩이면 콩, 팥이면 팥' 다소 융통성이 없던 3, 4학년을 지나

5학년부터는 유연하고 융통성 있게 생각도 하고, 교사가 던진 농담의 숨은 뜻을 찾아내는 눈치도 발달한다. 참 말도 안 듣고 철도 없던 1, 2학년 시절이 엊그제 같은데, 수다에 여념이 없던 아이들이 조금씩 조용해지고, 가끔은 자신의 마음을 솔직하게 표현하기도 한다. 한마디로 센스눈치와 지성이 본격적으로 발달한다.

최고 학년인 6학년을 앞두고 있어서인지, '내년에는 우리가 점심시간에 운동장 골대를 점령할 수 있다. 조금만 더 참자.' 하며 6학년을 손꼽아 기다린다. 하지만 그 순간을 기다리다 지쳐 6학년에게 대들기도 한다.

5학년은 친구 관계에서 오는 갈등이 많아지는 시기다. 친구 관계에서 오는 불편한 감정이 다른 학년보다 더 큰 느낌이다. 따돌림도 빈번하다. 그런 불편한 감정을 최근에는 온라인 특히, 유튜브나 카톡, 페이스북, 트위터, 인스타그램에 드러내는 학생이 많다. 스마트폰이나 컴퓨터를 통해서 다양한 콘텐츠에 자유롭게 접하며, 게임에 더욱 몰두하고 단톡방을 만들어 다양한 방법으로 따돌림을 하거나 당하기도 한다. 학부모가 모르는 아이들의 세계가 형성된다. 이때 부모가 어디까지 개입해야 하는지 참으로 난감할 때가 많다. 하지만 사춘기가 시작되면서 부모에게 많은 것을 숨기기 시작하고 게임이나 웹툰, 메타버스 등에 몰두하기도 한다. 무엇보다 학원 일정이 많아지면서 부모와 대면할 시간이 줄어들고, 학원으로 이동하는 틈틈이 아이들은 SNS를 통해 서로의 비밀스럽고 복잡한 이야기들을 나누며 소통한다.

이런 와중에 매우 복잡한 아이들 간의 관계도가 형성된다.

그 과정에서 아이들은 다양한 부정적인 감정에 놓인다. 관계 속에서 밀려오는 다양한 감정이 어떠한지 제대로 파악을 못 해 허우적대기도 하고, 부인하기도 하며 엉뚱한 곳에 투사하기도 한다. 불편한 감정은 모두 '짜증 난다', '빡친다화난다'로 일갈해 버린다. 6학년보다 생활 교육에 힘이 좀 덜 드나 싶지만, 5학년 1학기와 2학기는 차이가 많이 난다. 방학을 보내고 오면 더 여물기도 하고 비밀이 많아진 듯 보이기도 한다. 내면의 복잡함과 또래 관계의 다양성 속에서 아이들은 많은 갈등을 일으킬 수밖에 없다. 한때 5학년 2학기, 11월을 조심하라는 말이 생길 정도였다. 학교 폭력 사안이 가장 많이 일어나는 시기였기 때문이다.

몇 년 전, 유난히 말이 많던 5학년의 생활 교육을 지원하며 다양한 일을 많이 겪었다. 그 과정에서 아이들의 세계는 갈수록 매우 크게 확대되고 있음을 느꼈다. 여러 사건 중에서 영화 속에서나 보아 왔던 자해, 집단 자해으슥한 화장실에 4~5명이 가서 함께 칼로 긋기, 그에 대한 학부모 상담과 학생, 교사 코칭 등이 복잡하고 신경이 많이 쓰였다. 자살과는 달리 심리적인 스트레스에 대한 탈출구로 행해지는 자해특히 여학생들은 손목을 긋는 '리스트 컷', 손바닥을 바늘로 꿰매는 '보디 스티치' 등이 많다 그 자체도 충격적이고 초연의 덕목을 발휘하여 여러 자료를 찾아보며 해결하는 것도 좀 힘들었지만, 그 이면의 원인을 찾아 상담하는 과정이 녹록지 않았다. 줄기를 들어 올리면 알알이 따라 올라오는 감자들처럼 주렁주렁 다양한 원인이 드러났다. 가정에서의 소외감, 친구 관계에서의 소외감, 이성 관계에서 삼각 또는 사각 관계로 인한 스트레스, 성적 비교에 의한 열등감, 심지어 친구와의 관계를 돈독하게 하기 위한 집단의식으로서의 자해 등등 다양했다.

다양한 원인 중에서도 특이했던 것은, 친구들의 동조를 끌어내고자 '누구 때문에 이럴 수밖에 없다'면서 자해를 하거나 자해 시늉을 하는 영상을 올리고 구독자 수가 올라가는 것으로 위안을 삼는 아이의 사연이었다. 함께 붙어 다니는 그룹의 여학생 사이에서 서로에 대한 질투와 시샘, 묘한 열등감으로 다양한 관계 전략을 쓰는 중에 나타난 극단적인 행동이었다. 이에 그치지 않고 남자아이들을 끌어들여 자신의 입지를 탄탄히 하기도 하고, SNS를 이용하여 친구들의 동정을 사는 전략을 실행하기도 하였다. 또래 관계에서 우위에 있고 싶고, 따돌림당하거나 떨궈지지 않으려는 아이들의 몸부림이었다. 아이들이 또래 관계에 지나치게 집착하면서 파생되는 일들은 이제 SNS상에서 더 활발하게 이루어지고 있다. 우리도 익히 들어온 사이버 폭력, 사이버 괴롭힘은 흔한 일이고, 유튜브 등을 활용한 잘못된 갈등 해소 방법 등이 안타까운 사건들을 일으킨다.

초등학교 저학년 때는 친구 관계가 교실 속에서 겉으로 드러나는 편이고, 서로의 갈등이 오프라인상에서 돌출되는 경향이 있어 교사의 개입이 그나마 덜 복잡하다. 그러나 고학년은 학급, 지역사회뿐만 아니라 온라인이라는 광대한 세계에서 동시다발로 이루어지기에 교사가 그것을 조망하며 이해하는 것조차도 참 어려워지고 있다. 일일이 개입하여 해결해 주는 것은 무리가 있고 가능하지도 않다. 따라서 교사로서 할 수 있는 일은, 갈등을 풀어내는 긍정적인 방법을 안내하고 연습시키는 것, 상처를 아물게 하고 회복하는 힘을 길러주는 것, 자신을 진정으로 존중하도록 안내하는 것이 우선되어야 한다.

앞에 열거한 5학년의 특징들은 다분히 자의적이다. 어떤 발달이론에 따른 연구 결과도 아니다. 27년간의 경험상 아이들을 만나며 느낀 나만의 5학년 특징 기술서다. 자의적이지만 경험을 통한 결과이기에 틀렸다고 보지 않는다. 과학적이지 않다고 틀린 것은 아니니까 말이다.

이런 5학년 학생들에게, 우리가 교육할 것은 무엇인가? 깊어지는 또래 관계에서 오는 갈등과 스트레스를 돌보는 정서 교육, 관계 속에서 받았던 상처에 대한 교육, 상처를 극복하는 회복 탄력성에 대한 교육이 중요하다. 아울러 갈등을 해결하기 위한 소통의 방법, 상대방을 대하는 인간적인 태도, 자신과 타인에 대한 존중 등 자신에 몰두하는 아이들에게 긍정적인 에너지를 주는 인성 교육이 필요하다. '정서'를 주제로 5학년 인성교육을 기획하고 운영하였다.

5학년 마음 위로하기

차시	영역	활동명	비고
1	인성 (정서)	내 마음을 나타내는 말들	정서 인식
2	인성 (정서)	놀면서 익히는 감정공부	비언어적 정서 인식
3	인성 (정서)	감정의 보드게임	보드게임
4	인성 (정서)	감정을 표현해요	《느끼는 대로》 음악·미술 통합
5	인성 (정서)	명화 속 감정 찾기	프리다 칼로의 〈상처 입은 사슴〉 상처 들여다보기
6	학폭	친절한 행동	《친절한 행동》 따돌림에 대해서 친구에 대한 공감과 친절
7	학폭	친구의 아름다움 찾기	따돌림 멈춤 열쇠
8	학폭	기린의 귀로 들어요	경청하기
9	학폭	기린의 말로 대화해요	비폭력 대화

1차시

감정을 표현하는 방법을 배워요

3월이 걱정되는 아이들

첫 시간 수업이다. 서로 서먹한 아이들의 분위기를 깨고자 자기소개 시간을 가졌다. 자기소개도 수업의 연장이다. 5학년의 정서교육은 9시간이 진행되고, 첫 시간에는 자기소개를 하기로 했다. 자기소개 목록에 '지금 나의 감정은?'이라는 질문을 넣었다.

메모를 간단히 하고 주어진 시간 안에 1대 1로 친구들을 만나면서 서로를 소개하도록 한다. 활발하고 말하기 좋아하는 학급은 1대 1로 만나서 말로 빠르게 자기소개를 하도록 한다. 마치 랩 하는 것처럼 보인다. 빠른 아이들은 3분 안에 예닐곱 명 이상 만나기도 한다. 하지만 많이 조용한 반은 1대 1로 만나서 공책을 바꾸어 읽은 후 그 공책의 주인인 친구에게 한 가지씩 질문을 하도록 한다.

"너는 태권도를 좋아하고 잘한다고 했는데, 언제부터 배웠고 지금은 몇 품이야?"

"너는 지금 감정이 지루하다고 썼는데, 지금도 지루하니? 왜 그런 마음이 든 거야?"

"네가 좋아하고 잘하는 게 게임이라고 했는데, 어떤 게임을 좋아해?"

아이들은 생각보다 다양하게 질문한다.

서로 소개하며 알아 가는 활동을 하는 아이들을 관찰하면 참 다양하다. 그 자리에서 머물러 있으면서 친구가 다가오길 바라는 아이, 여기저기 다니며 물색하는 아이, 유난히 움직이지 않는 친구에게 먼저 가서 말을 거는 아이, 아예 처음부터 교사인 나를 찾아오는 아이, 심지어 그냥 돌아다니기만 하는 아이까지. 소외된 아이가 없는지 살피면서 아이들을 바라보노라면 그래도 얼굴에 다양한 의미의 미소를 띠고 움직이는 모습이 참 예쁘다.

다행히 저마다 세 명 이상은 만났다. 서너 명은 "진지하게 만났구나", 대여섯 명은 "적절하게 잘 만났네", 예닐곱 명은 "오호, 대단한 순발력인데?", 열 명 이상은 "오호, 스피드가 탁월한데?" 하며 적절하게 칭찬한다. 그리고 가장 많이 만났다는 아이에게 만난 친구들의 감정 상태 답변을 생각나는 대로 말하라고 주문한다. 많이 만나서 의기양양하던 모습이 나의 주문에 당황스러운 표정으로 바뀌는 안타까운 순간이 찾아온다. 친구 관계는 반드시 다다익선이 아니라는 사실. 결국 친구를 만난다는 것은 얼마나 많은 사람을 만났느냐의 문제가 아니라, 만남의 질이 중요하다는 것을 아이들이 느끼도록 한다.

첫 시간인데 기쁘다, 반갑다, 행복하다, 즐겁다, 재미있다 등의 긍정적인 반응도 있고, 그저 그렇다, 지루하다, 모르겠다 등의 반응도 있다. 감정 단어는 다양한데 우리가 자신이나 친구의 감정을 읽고 표현하는 것을 많이 안 해 왔음을 알리고 앞으로 창의적 체험 활동 시간에는 이런 작업을 할 것을 알린다. "혹시, 친구들의 현재 감정을 들으면서 독특한 표현을 들은 사람?" 그러자 한 아이가 말한다.

"선생님, 영재가요 '나는 화를 낼 준비가 되어 있다'고 했어요."

순간 짧은 정적과 작은 웃음소리, "뭐야?" 하는 반응. 하지만 교사의 촉으로 이건 그냥 넘어가면 안 되는 답변이고, 좋은 수업 자료가 될 수 있음을 감지한다. 영재에게 동의를 구하고 질문했다.

"영재야, 이게 무슨 뜻인지 설명해 줄래?"

"그냥…… 화낼 준비가 되어 있다고요."

"지금 화난 상태니?"

"아니요."

"그래……. 그럼 언제 화를 낸다는 건가?"

"친구들이 나를 놀릴 때요. 놀릴 때 가만히 있으면 나를 만만히 볼 거고, 그럼 저는 계속 비웃음당하잖아요. 그래서 화를 낼 준비를 하고 있다가 나를 무시하거나 비웃으면 강하게 화를 내야 해요. 그래야 만만히 안 보고 1년 내내 힘들지 않을 거니까요!"

영재의 말에 키득거리던 아이들이 어느덧 이해된다는 눈빛을 보낸다. '나도 그래.'라는 공감의 분위기가 흐른다. 3월, 아이들의 권력 구도가 새롭게 형성되는 시기. 아이들은 서먹함과 어색함, 설렘 뒤에 이런 불안과 걱정, 두려움도 함께 지니고 교실에 들어오는 것이다.

"그렇구나. 자, 여러분 지금 영재 마음속에 있는 감정이 어떤 것일지 읽어 주세요."

"불안이요."

"두려움이요."

"무서움이요."

"슬픔인가?"

"외로움이요."

"걱정이요."

아이들이 감정을 표현하는 다양한 낱말을 쏟아내면 그것을 칠판에 적어 본다.

"영재야, 어떤 낱말이 네 마음을 가장 잘 나타내는 것 같니?"

"걱정이요."

영재의 답에 걱정의 마음을 읽었던 친구의 얼굴에 미소가 번진다.

"여러분이 말한 감정 다 맞아요. 그런데 그중에서 '걱정'이 가장 두드러진 감정이었네요. 이렇게 감정을 읽는 것을 '공감'이라고 해요. 앞으로 이렇게 감정을 읽고 표현하는 것들을 배우게 될 겁니다."

아이들은 고개를 끄덕끄덕한다.

수업은 기술이 아닌 예술art이라고 한다. 세밀하게 설계하고 들어가도, 어느 순간 아이들의 다양한 반응, 독특한 반응과 맞닥뜨린다. 교사는 잠시 딜레마를 겪다가 접목을 시도한다. 즉, 아이들이 가고자 하는 곳으로 함께 가면서 원래 의도한 것을 바탕으로 아이들과 상호작용하면서 드러난 사연들을 접목하려고 시도하게 된다. 내 의도와 아이들의 마음이 만나는 접점이 생기면 교사로서 희열을 느낀다. 오늘 나는 희열을 느꼈다. 하지만 3월에 겪는 아이들의 긴장과 걱정, 두려움의 감정을 잘 읽어 주지 못했다는 것에 미안한 마음이 동시에 든다.

3월은 교사한테만 힘든 것이 아니다. 아이들도 교사만큼이나 힘들다. 문득 이것이 산모가 아이를 낳는 것과 비슷한 것 아닌가 하는 생각이 든다.

예전에 임신하고 산부인과에서 진행하는 '부모 되기 프로그램'에 참여한 적이 있다. 거기서 들은 간호사의 말이 인상적이었다. "출산 시 엄마의 고통 이상으로 아기도 고통을 느낍니다. 아이가 엄마의 좁은 질을 미리로 밀어내며 통과해 나오는 것은 엄마가 겪는 고통의 열 배라고 합니다." 탄생통이라는 말이 있는지 모르겠지만 적잖이 충격을 받았다. 아이의 고통을 생각하며 너무 소리치면서 흥분하면 안 되겠다고 다짐했다. '아이도 나 이상으로 고통스럽게 세상을 나오는데 나라도 침착해야겠다.'라고 생각했다. 출산이 가까워지면서 간호사가 권했던 무통 주사를 맞지 않은 것이 너무나 후회될 만큼 고통스럽고 신음이 새어 나오는 것은 어쩔 수 없었지만, 의사의 지시대로 힘을 줄 때 최선을 다해서 주며 아이의 고통을 함께하려고 노력했다.

3월에 겪는 교사의 스트레스와 아이의 스트레스가 이와 같지 않을까 싶었다. 아이도 교사만큼, 아니 교사 이상으로 학교 적응에 힘이 든다. 새로운 선생님 성향도 파악해야 하고 새로운 친구와 사귀어야 한다. 특히 지난해에 따돌림당한 경험이 있다면 어떻게든 벗어나기 위해 아이들은 온 힘을 다해 노력할 수밖에 없다.

교실 속에서 형성되는 계급 피라미드에서 아이들은 맨 아래가 되지 않기 위해 부단히 노력한다. 원래 소심했던 나를 바꾸어 보려고도 하고, 일부러 센 척하기도 한다.

3월이 되면 학급 경영의 틀을 만드는 선생님도 학급 서열을 형성하는 아이들도 힘들기는 마찬가지다. 3~4월에 유난히 학교폭력 신고가 증가하는 이유도 첫 만남에서 오는 아이들 간의 신경전에서 비롯되는 경우가 많을 것이다. 이에 따라 교사가 아무리 철저하게 준비해도 다양한 변수로 인해 또다시 계획을 수정해 나가며 학급을 책임져야 하는 압박감이 있다. 따라서 교사와 아이들이 겪는 3월 '만남통'을 어떻게 하면 덜 힘들게 겪을 수 있을지 늘 고민할 수밖에 없다.

그래도 먼저 인생을 겪어 보고 극복한 '선생'의 고통 이상으로 제자들의 설렘과 걱정이 훨씬 클 수 있다고 생각해야 한다.

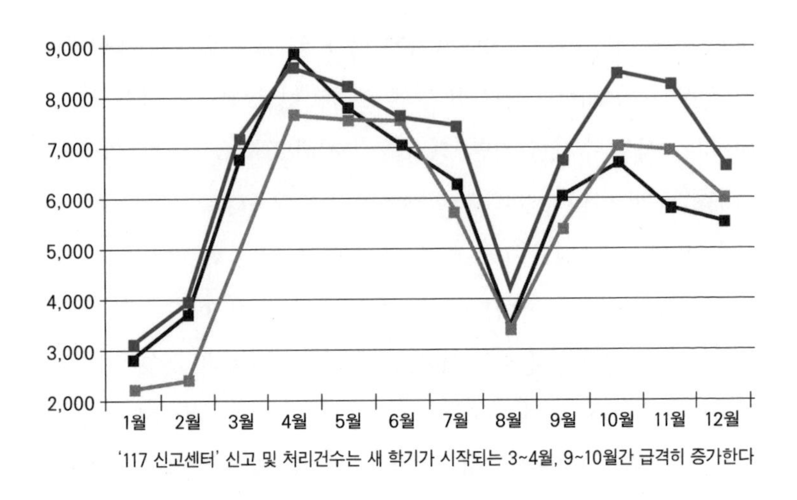

'117 신고센터' 신고 및 처리건수는 새 학기가 시작되는 3~4월, 9~10월간 급격히 증가한다

교사는 인생 선배로서 여유를 갖고 아이들을 편하게 대하는 것이 첫 만남을 불안해하는 아이들에 대한 배려가 아닌가 싶다.

수업 활동 _ 감정과 만나기

아이들에게 감정과 관련된 단어를 아는 대로 말해 보게 한다. 친구들과 소개 활동을 하며 이미 몇 가지 감정을 접했기 때문에 쉽게 대답한다.

"짜증 나다, 빡치다화나다, 억울하다, 슬프다, 비참하다……."

가끔 유난히 부정적인 감정을 많이 말하는 아이가 있다. 부정적인 마인드를 가졌거나 그날 아침 부모님께 한바탕 잔소리를 듣는 등, 여러 가지 이유가 있을 것이다. 일단 눈여겨본다. 아이들과 함께 감정을 아는 대로 활동지에 쓰라고 한다. 옆에 있는 친구와 의논하며 써도 되고 혼자 써도 되고, 자유다. '좋다', '나쁘다'라고만 끝내는 아이도 있다.

"좋다는 감정이 어떤 감정인데?"

"예? 음…… 행복하고, 기쁘고……."

"그래. 행복하다, 기쁘다가 감정이고 좋다 나쁘다는 감정을 평가하는 평가의 말이란다. 감정을 표현하는 말이 아니라는 것이지."

"자, 그럼, '빡친다'라는 말을 쓰는데, 그게 뭐지?"

모르는 척 묻는다.

"화가 난다고요."

"왜?"

"열 받으니까요. 억울하니까요. 미우니까요."

"오호, 그래. '빡친다'라는 말이 '화난다'는 말인데, '화난다'보다 더 강한 말 같다. 같은 화라도 노엽다, 부아가 난다, 울화가 치민다 등 다양하지. 그리고 이왕이면 조금 격조 있는 말을 써 주길 바라요."

아이들에게 이렇게 감정과 감정이 아닌 단어를 구별하고, 은어나 비속어를 덜 쓰도록 안내한다. 아이들은 교과서 내용보다도 교사가 스치듯 하는 말을 더 몰두해서 듣고 배우는 경우가 많다. 순간순간이 배움이다. 사실, '화'는 2차 감정인데, 이것은 수업 시간에 여유가 있으면 설명하지만, 2차 감정도 감정이기에 그냥 넘긴다. 하지만 이 책을 읽는 독자에게는 간단히 설명하겠다.

'화'는 2차 감정이고, 이 감정 밑에는 다른 1차 감정들이 있다. 즉, 키우던 병아리가 죽어서 '슬퍼서' 화가 나고, 동생을 때리지 않았는데 오해를 받고 '억울해서' 화가 나고, 친한 친구가 다른 아이와 즐겁게 노는 것을 보니 '질투가 나서' 화가 난다. 화라는 감정 밑에 숨겨진 다른 감정들을 세세하게 알아가는 과정이 정서를 인식하는 데 좋은 교육이 된다. 내 행동의 원인을 살펴볼 때, 감정을 언어로 명명하고 표현하며 그 언어를 더 세부적으로 알아보면서 감정과 관련한 어휘력이 풍부해진다. 이 과정에서 자신의 감정을 이해하게 되면서 자신을 성찰하는 것이다.

감정 단어를 알아보는 과정에서 가끔 반응이 없고 지나치게 간(?)을 보는 학급이 있다. 그럴 땐 기차 답변끊이지 않고 순서대로 이어서 답하기이 효과적이다. 같은 감정 단어라도 좋으니 표현하라고 독려하면 아이들은 서서히 말하기 시작한다. 한번 돌고 나면 아이들은 학습에 참여할 준비가 된다. 친구들한테서 들은 감정, 생각으로 떠오르는 감정을 활동2에 쓴다.

그중에서 다섯 개 이상을 선택해서 시를 지어 보게 한다. 선뜻 쓰기 어려워하는 아이들을 위해 활동지에 참고로 '5학년 첫날'이라는 주제로 시를 써 놓았고, '괜찮아 잘 될 거야'이한철, 〈슈퍼스타〉라는 가사가 반복되는 노래 가사도 적어 놓았다.

감정은 다양하고 그것을 표현하는 말도 다양하다는 것을 이해하는 것, 이것이 '정서 인식'이다. 앞으로의 인생을 성공으로 이끌 가능성이 80% 가까이 된다는 '정서 지능'의 기본 요소다.

활동2. 감정을 표현하는 낱말을 넣어 시 쓰기

※감정을 표현하는 낱말을 내가 아는 대로 써 봅시다. 예) 기쁘다, 슬프다…… • • • •쓴 낱말 중에서 5개를 선택해서 오른쪽에 시를 쓰며 넣어 보세요.	**제목:**

참고	스스로 평가해 봐요
제목: 5학년 첫날 5학년 첫날, 친구를 많이 못 사귀면 어쩌나 외롭고 두려웠지. 하지만, 저 멀리서 내 이름을 부르는 반가운 친구의 목소리. 한두 명씩 아는 친구들이 눈에 들어와 와, 기쁘고 설레고 황홀하다.	마음을 열고 활동에 적극적으로 참여하였나요? (스스로 평가하여 ○표 하세요) 매우 그렇다 (　) 그렇다 (　) 보통이다 (　) 아니다 (　) 모르겠다 (　)

활동을 통해 아이들은 감정을 인식하기 시작한다. 인간은 이성 이전에 감정이 더 빨리 발달하며, 본능에 더 가깝게 행동한다. 그래서 감정이 올라왔을 때 그것을 즉각적으로 표현해 버리기도 하고, 그 표현 때문에 돌이킬 수 없는 후회를 하기도 한다. 이러한 감정을 잘 관리하는 것을 교육해야 하며, 이 교육의 시작은 '감정 및 정서의 인식'이다.

감정에 대해서 충분히 다룬 후 불안하고 걱정스러운 5학년 첫 학기를 응원해 주는 차원에서 노래 한 가락으로 마무리한다. 가수 이한철의 자전적 노래인 〈슈퍼스타〉다. 3월은 선생님도 아이들도 자리매김하느라 힘든 시기다. 낯섦에서 오는 아이들의 불안, 걱정, 두려움을 이해하는 인생을 먼저 산 '선생'님들의 여유가 필요하다.

제목: 내 친구

내 친구들은 나의 감정을 막 바꾸네,
어떤 때는 기쁘게,
어떤땐 슬프게...
이 친구랑 놀까,
저 친구랑 놀까,
항상, 놀 친구는 고민하느라, 조금은 힘드네.
하지만 친구들을 만나면 항상 설레네...

제목: 뭘 입을까?

오늘 친구들과 만나서 논다. 오늘 나만
돋보이기 위해 옷을 특별하게 입네
빨간색 옷은 왠지 화가났다
주황색 옷은 왠지 반갑다
노랑색 옷은 왠지 기대된다
나는 다 마음에 안들어서 짜증이
났다 그냥 제일 이쁜 검정색 옷을
입고 나갔는데 너무 상쾌했다.

제목: 용돈

할머니가 용돈을 주신다 해서 설레고 기대된다
나 3만원, 동생 3만원, 누나 5만원.
나랑 동생은 3만원을 받았다.
근데 누나는 5만원. 섭섭하고 당황스럽다
항상 누나만 많이 받고 나는 적게 받는다.
누나와 할머니가 야속하고 미웠다.

제목: 영어학원

영어학원에서 숙제검사를하는중에
너무신나고, 행복하고, 흥미로웠다. 숙제를
모두 검사하고,
갑자기 황당하고, 당황스런 소식이왔다
"자, 오늘 시험입니다," 3개이상틀리면
재시험이에요. 나는 눈앞이 캄캄했고
검사후 나는 30점을 맞았다 난 배신당
했다고 생각했고 엄마께 말씀드리기
두려웠다.

제목: 친구와 싸운날

친구와 싸웠다.
오래된 친구라서 후회가 되기도하고
싸운게 후회되기도 하고,
앞으로 친구가 영영없을까봐 두렵다.
다음날 친구가 다른 친구와 학교에 온다.
질투난다 또 속상하기도 했다.
다행히 화해했다
안심되고, 행복했다

제목: 치킨

치킨을 먹으려고 몰래 나왔네
닭다리를 한입 물려는 순간
형이 빼앗아 가네 황당하고
짜증이나네 형한테 대들다가
나만 혼났네 슬프고 억울하네
이게 무슨 일이냐고 화가나네
부글 부글.

아이들의 감정 시

2차시

놀이를 통해 감정 통제 방법을 배워요

놀이의 소중함

5학년 아이들의 인성 수업 프로그램 중에서 가장 인기 있는 시간이다. 아이들은 이 시간을 수업 시간이 아니라 놀이 시간이라고 생각한다. 놀이 시간이 맞다. 교사로서 나는 기획하고, 준비와 조율, 그리고 의미를 찾도록 하면 된다. 조율 때문에 진이 빠지기도 하지만, 아이들이 즐거워하니 나도 즐겁다.

놀이는 본능이다. 《호모 루덴스homo ludens》를 쓴 요한 하위징아Johan Huizinga는 문화 자체가 놀이라고 할 만큼, 놀이의 중요성을 주장했다. 놀이는 창의성의 원천이고 사회성을 형성하는 데 기본이 된다. 놀이는 자신이 생각한 것을 시도해 보는 신체적, 정신적 자유이기 때문이다. 정재승 박사가 쓴 《열두 발자국》어크로스, 2018에 사회성을 키우는 시기에 놀이를 못 하면 범죄를 저지를 확률이 다섯 배 이상, 그중에서 살인을 저지를 확률이 열일곱 배 이상 증가한다는 연구 결과가 소개되었을 정도다.

인간의 정서적 발달에 이렇게나 중요한 놀이는, 가장 이성적이고 논리적인 교과인 수학에까지 들어왔다. '놀이 수학'이 연구되고 있을 정도니 '놀이'는 우리 인간에게 필요조건임이 맞다.

그러나 가장 자유롭고 창의적인 놀이마저도 학부모의 계획에 따라 진행되는 예도 있다. 그 어느 때보다 학부모의 교육열이 높고 그 수준이 높아진 것은 사실이지만, 아는 것이 병인지라 아이의 잠재력을 끌어낸다며 놀이마저도 교육적으로 하려는 부모가 많다. 놀이를 엄마랑 할 때 가장 좋은 것은 안전이지만, 애석하게도 아이가 요구하는 대부분을 들어주고 맞춰 주는 엄마와 교육적으로 놀다 보면, 자율성과는 거리가 멀어진다는 점이다. 무엇보다 또래와 놀면서 종종 느끼는 갈등 상황에 어떻게 대처해야 하는지 등 갈등 해결을 연습할 기회도 상실된다.

잘 놀아 주지 못하는 부모가 그 대안으로 택한 다양하고 화려한 장난감도 문제가 된다. 직장에 다니거나, 집안일 등으로 에너지가 바닥난 보호자가 아이들을 혼자 놀게 하는데, 이에 대한 죄책감으로 아이에게 완벽한 장난감을 주게 된다. 이런 장난감 자체가 아이의 상상을 막는 경우가 발생하면서 부모가 그토록 바라는 창의성과 멀어지게 된다. 결국 혼자 자주 노는 아이는 상호작용할 기회를 뺏기는 것이나 마찬가지다.

다행인 것은 학교에서나마 많이 놀게 하고, 또래와 상호작용을 하도록 도와주려는 교사가 많아지고 있다는 점이다. 놀이만을 전문으로 연구하는 교사가 많아진 것도 놀이의 가치가 그만큼 크기 때문일 것이다.

개인적으로 나는 아날로그 세대다. 단순히 과거에 향수를 가진 세대라기보다는 내가 의사결정을 하고 친구들과 몸으로 부딪치며 놀던 그 시절을 그리워하는 것이다. 스마트 기기를 이용해 손가락과 머리로만 노는 요즘 아이들과 달리, 어린 시절 해 지는 줄 모르고 산이며 들로, 동네 곳곳을 누비며 놀던 경험을 가진 어른이 많다. 그때 느꼈던 생생한 신체적 경험들이 부족해진 현재에 대한 비판 의식에서 "저는 아날로그 세대예요."라는 말을 자연스럽게 하게 되는 것 같다.

친구들과 무슨 놀이를 할지 고민하고, 서로 규칙을 정하고 놀다가 재미없어지면 규칙을 수정하거나 다른 놀이를 시작한다. 이런 과정에서 친구들의 감정을 읽고, 나의 감정을 조절하며 즐거움을 추구하게 되는 것이다.

가끔 잔인한 놀이를 하는 아이도 있다. 말 못 하는 작은 동물을 떨어뜨려 죽인다든지, 잠자리나 메뚜기를 잡아서 다리를 뗀다든지. 그래서 인성과 도덕 시간이 필요하고 교육이 필요한 것이다. 그것이 생명에 고통을 주는 나쁜 행동임을 이해시키기 위해서 말이다. 건전한 즐거움을 주는 '놀이'가 교육에서까지 주목받는 이유는 아이들은 움직이면서 성장하기 때문이다.

인성 수업 과정에 놀이나 게임을 넣는 이유는 아이들의 본능인 자율성과 창의성을 충족시키고 끌어내는 역할을 하면서 동시에 아이들의 마음이 자라게 하려는 것이다. 이때 '마음'은 전문 용어로 '정서'라고 할 수 있다. 감정과 비슷한 말로 쓰이는 정서는 이해, 표현, 공감, 조절 심지어 활용까지 다양하게 기능한다.

이것은 개인마다 차이가 있으며 이를 '정서 지능'으로 함축할 수 있다.

우리는 머리가 좋으면 사회적으로 성공할 것이라고 막연하게 생각한다. 이른바 IQ가 높으면 대부분 성공적인 사회생활을 할 것이라고 말이다. 하지만 정서 지능을 깊이 연구한 학자인 다니엘 골먼Daniel Goleman에 따르면 IQ가 사회에서 성공 가부를 결정하는 데 4~25% 정도밖에 영향을 미치지 못한다고 한다. 단순히 IQ가 좋은 것만으로는 사회적으로 성공할 수 없다는 것이다. 이에 비해 자기조절 능력, 대인관계 기술, 공감 능력 등과 같은 정서 지능이 우수한 아이들이 사회적으로 성공할 확률은 80%다. 정서적으로 관리를 잘하는 아이들은 결국 대인관계를 잘 만들고 이어가며 발전시킨다, 이것이 곧 사회성인데, 사회적인 성공은 머리만 좋은 것보다는 정서적인 기능과 관련이 높다는 것을 뜻한다. 그만큼 정서의 바른 성장은 인간의 삶에 개인적으로도 사회적으로도 매우 중요하다.

정서 지능을 제대로 기르려면 아이들이 정서를 인식하고, 표현하며 공감, 조절, 활용의 기회가 자연스럽게 요구되는 상황에 자주 놓여야 한다. 이런 자연스러운 상황이 바로 '놀이'다. '호모루덴스유희의 인간'라는 말이 나올 정도로 놀이는 인간의 본능이며, 다양한 이유로 놀이가 사라진 이 시기에 학교는 적극적으로 놀이를 모색해야 한다.

마피아 게임으로 정서 지능 훈련하기

'마피아 게임'을 선택한 이유는 다양한 정서적 요소를 활용하는 놀이기 때문이다. 정서 지능의 요소인 인식, 표현, 이입, 조절, 활용이 골고루 활용되는 매력적인 놀이다. 정서 요소가 어떻게 작용하는지 제시해 본다.

■ 정서 인식

자신과 타인의 정서 상태를 정확히 알아차리는 능력이다. 전체 정서 지능의 토대가 된다.

예) '저 친구 표정을 보니 당황한 것 같은데?'

'첫 번에 마피아로 찍히다니, 억울하다.'

■ 정서 표현

상황에 적절하고, 타인이 이해할 수 있도록 자신의 감정을 나타내는 능력이다.

예) "아, 선생님, 제가 의사인데 마피아로 지목되어 벌써 아웃이네요. 너무 허무해요. 내가 시민을 살려 주는 사람인데, 왜 나를 죽였을까요? 정말 안타까워요. 속상하고."

■ 감정 이입 능력

타인의 감정을 이해하고 자신의 내부에서 재경험해 보는 능력으로 공감이라고 한다.

예) '저 친구 표정과 말투를 보니 아무래도 마피아로 찍힐 까 봐 겁이 나나 보다. 나도 저 입장이라면 저럴 것 같아.'

■ 정서 조절 능력

자신의 부정적인 기분이나 감정을 긍정적인 상태로 변화시키고, 유지하는 능력이다.

예) '아, 첫 번째로 아웃이 되었네. 억울하고 화가 나지만, 친구들 앞이니까 좀 참자. 다음 판도 있으니까.'

■ 정서 활용 능력

과제 수행이나 문제 해결을 위해 감정이나 기분을 적극적으로 활용하는 능력이다.

예) '앗, 내가 마피아네. 나를 숨겨야 해. 자, 심호흡하고 흥분을 가라앉히고…… 평온한 얼굴로 시민처럼 보이도록 해야 해. 마피아라고 생각하는 낌새가 보이면 적극적으로 분노한 듯 아니라고 해야지.'

대부분의 놀이는 활발한 정서 작용이 일어난다. 학교에서 기획되는 놀이는 아이들의 지, 정, 의, 체의 성장을 위해 기획되지만, 인성교육에서는 특히 정서적 훈련으로서 매우 좋은 수업자료가 된다. '마피아 게임'의 경우는 감정을 알아채는 것, 감정을 조절하며 표현하는 것이 주되게 일어난다는 점에서 '정서 지능' 훈련에 매우 좋은 도구다. 무엇보다 정서를 조절하는 것 이상으로, 일부러 억울해하거나 반대 감정을 표현해야 하는 등 정서 활용을 한다는 점에서 재미있는 정서 훈련 도구다. 이런 상황이 게임이라는 안전한 분위기 속에서 이루어진다. 마피아 게임이라는 '놀이' 속에서 믿었던 상대에게 배신을 당하면서 다소 배신감도 느낄 수 있겠지만, 놀이 상황이고 게임이라서 유쾌하게 기분을 전환할 수 있고, 또 다른 정서 활용의 기회가 된다는 점에서 여러모로 소중하다.

이러한 정서 조절 능력은 요즘 부모들이 그토록 열망하는 아이의 원만한 인간관계의 기초가 되며, 더 깊게는 놀이를 하면서 또래들의 비언어적인 메시지 등을 살피고 이해하는 능력 속에서 전전두엽의 피질이 견고하게 발달한다. 이것은 타인의 감정에 대한 정보를 편도체에 전달하는 역할도 함께하기에 공감 능력까지 발달하게 된다. 정서 인식, 공감, 정서 조절 더 나아가 정서 활용은 사회성의 핵심이며, 이러한 사회성은 신체적으로 서로 부대끼고 눈을 마주치며 대화하고 정서적인 교류를 하면서 형성된다. 요즘 아이들이 주로 하는 온라인 게임은 눈을 마주치고 스킨십을 하는 생생한 교류가 없고, 안전한 피드백보다는 욕설이나 언어폭력과 같은 부정적 피드백을 받는 경우가 많아서 '성장을 위한' 놀이가 되기는 어렵다.

교사로서 학문이나 이론적 접근으로 '마피아 게임'을 선택했지만, 아이들은 이 게임이 자신의 감정을 숨기거나 드러내는 등 그 자체를 매우 재미있어한다는 점에서 아이들과 나 사이의 '동상이몽'이라 하겠다.

수업 활동 _ 마피아 게임

마피아 게임은 상대의 표정이나 목소리의 높낮이, 말투, 심지어 숨소리까지도 분석하면서 마피아를 찾는 고도의 정서 지능 게임이다. 앨버트 메라비언Albert Mehrabian이 연구한 사람들의 의사소통 종류를 보면, 우리가 사용하는 언어를 활용한 전달은 7%에 불과하다고 한다. 나머지 93%는 비언어 또는 반언어로 전달된단다. 93% 중에서 38%는 말을 할 때의 음성이나 말투와 같은 '반언어'가, 55%는 표정, 눈빛, 제스쳐와 같은 '비언어'가 차지한다는 것이다. 미묘한 반언어 및 비언어의 차이를 이해하고 정서 지능을 훈련하는 데는 '마피아 게임'이 가장 좋다.

아이들과 마피아 게임을 할 때, 한 학급28~30명을 기준으로, 참여자와 관찰자 두 그룹으로 나누어 20분씩 진행하면 모두가 관찰자와 참여자를 경험할 수 있다. 이 게임을 어느 정도 아는 아이들을 첫 참가팀으로 넣어서 원활한 게임이 되도록 한다. 첫 팀이 하는 동안 관찰자들은 게임이 어떻게 운영되는지 보고 다음 판에 참가자로 게임을 하는 것이다.

자리는 이중 ㄷ자로 배치하는데, 참가팀이 안쪽에 앉고 먼저 마피아 게임을 한다. 관찰팀은 바깥에 앉아 참가팀이 하는 것을 관찰한다. '바깥 ㄷ자'에 둘러앉은 학생은 게임이 진행되는 것을 보면서 함께 추측은 하되 절대 말하지 않고 관람만 해야 한다. 관찰자들은 누가 가장 자신의 감정을 잘 숨기거나 활용했는지 살펴보고 기록하며, 아울러 어떤 역할을 맡고 싶은지도 생각한다. 함께 공감하며 웃기도 하고 어이없어하기도 하는데, 참가팀에게 단서를 주어서는 안 되기 때문에 자신의 감정이 표현되지 않도록 조심하며 참관하도록 안내한다. 참가팀이 진행하는 것을 지켜보면서 친구들의 표정을 읽어 보라고 한다.

참가팀은 교사가 나누어 준 패를 혼자만 보고 자신이 어떤 역할인지 확인한다. 패를 받아든 순간부터 자신의 감정을 조절해야 한다. 포커페이스를 과도하게 사용하거나 너무 숨기지 못하면 시민들한테 마피아로 의심당해 심하게 공격받을 수 있다. 서로의 표정이나 말, 말투를 보며 마피아인지 짐작해야 하고, 또 본인의 신분도 숨기거나 드러내야 한다.

게임 전에 교사는 역할이 쓰인 패를 만들어 둔다. 참가자가 15명일 경우, 마피아 4명, 경찰 1명, 의사 1명, 시민 9명이 된다. 여기서 의사나 경찰을 한 명씩 늘려도 된다. 사회자는 능숙한 아이들이 할 수도 있지만, 교사가 하는 것도 좋다. 교사가 적절한 울타리를 만들 필요가 있으며, 아울러 모델링 효과도 있다. 아이들이 이 게임을 할 것을 미리 알아서, 자기들끼리 점심시간을 활용해서 먼저 해 보았는데, 진행이 잘 안 되어서 재미없었다고 했다. 반면, 수업 중 교사가 하는 것을 충분히 관찰한 아이들은 이후 무리 없이 재미있게 게임을 했다. 교육의 기본은 시범과 모방

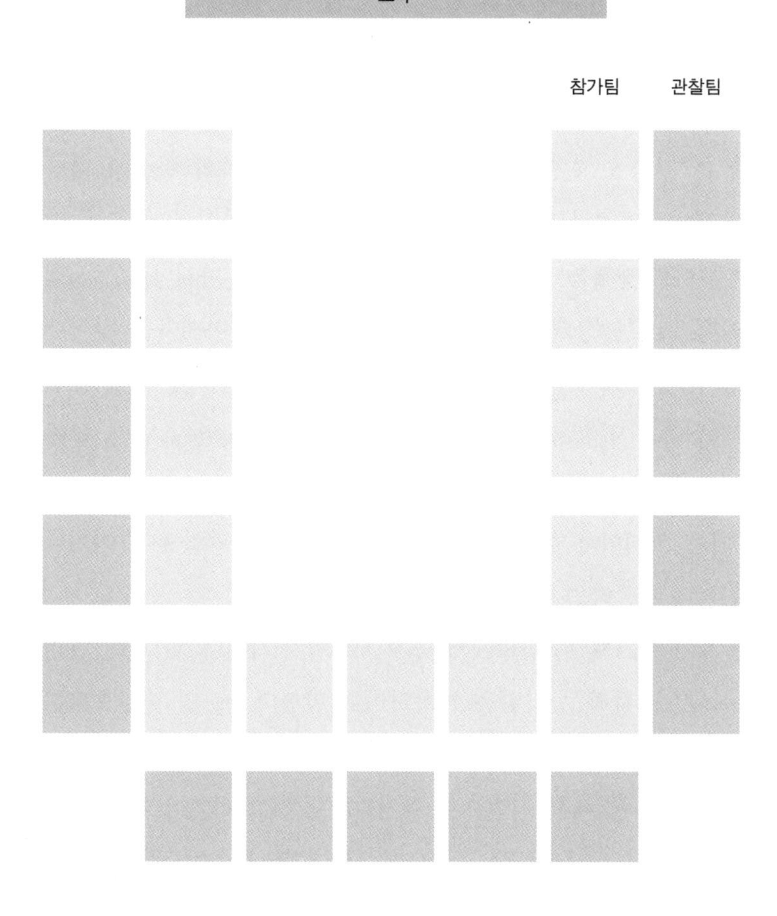

마피아 게임 자리 배치

이라는 것을 놀이에서도 느끼는 순간이다.

사회자는 '마피아'들이 서로 몰래 확인하도록 한다. 마을이 잠들었다고 하고 모두가 눈을 감고 잠든 상태에서 마피아들만 조용히 고개를 들고 서로를 확인하도록 사회자가 지시한다. 이때 소리 내지 않도록 주의를 시킨다. '의사'를 확인한 후 엎드리라고 하고 '경찰'도 확인한다. 확인이 끝나면, 사회자의 안내에 따라 전원이 고개를 들고 게임을 시작한다.

서로 정체를 모르기 때문에 시민들은 누가 마피아이고 시민인지 모르는 상태에서, 다각도의 판단을 통해 마피아를 찾아내야 한다. 마피아도 시민도 자신이 '마피아'가 아니라는 것을 표현해야 하고, 적절하게 표정 연기를 하면서 사람들을 속인다. 돌아가면서 자신을 소개하는 과정에서 "저는 일반 시민입니다." 또는 "저는 마피아가 아닙니다."라고 얘기하면서 사람들을 속이거나 진심을 전달하는 것이다.

모두 고개 든 상황에서 공개 처형이 시작된다. 한 명씩 마피아라고 생각하는 사람을 지목하라고 말한다. 세 명 이상으로부터 이름이 불린 학생은 일어서서 자신이 마피아가 아님을 설득한다. 이 과정에서 시민으로 인정되기도 하고 마피아로 더 깊게 의심받기도 한다. 설득을 들은 후, 참가자들이 손을 들어 과반수 이상 손을 들면 공개처형 된다. "밤이 깊어 모두 잠자리에 들었습니다." 하면 모두 엎드린다. 마피아인 사람들만 조용히 일어나 처형할 사람을 손으로 가리킨다. 사회자의 지시에 따라 다시 엎드린다. 그리고 경찰만 고개를 들게 해서 마피아 같아서 처형할 사람을 손으로 가리키라고 한다. 얼른 엎드리게 하고 의사가 일어나 살릴 사람을 정한다. 이때 마피아가 지목한 사람이나 경찰이 지목한 사람을 의사가 우연히 살릴 사람으로 지목하기도 한다. 하지만 가끔 자신을 살리겠다는 아이도 있다. 그래서 의사는 딱 두 번까지만 자신을 살릴 수 있음을 규칙으로 정했다.

공개처형과 암살이 몇 번 반복되면 승부가 갈린다. 마피아가 모두 밝혀져서 죽거나이때는 시민의 승리, 시민과 마피아 수가 같아지면이때는 마피아의 승리 게임이 끝나게 된다.

조심해야 할 것은, 시민이나 경찰이 마피아로 지목하여 아웃된 친구들의 좌절을 잘 다독여야 한다. 유머스럽게 "저기 뒤 마을 공동묘지에 안장이 되었습니다. 안타까운 일입니다."라고 멘트를 하며 분위기를 부드럽게 한다. 시민인데 첫판에 마피아로 지목되어 공동묘지로 간 아이가 화를 이기지 못해 사물함 등을 발로 차는 경우도 있다. 그럴 때는 단호하게 폭력적 행동을 막아야 한다. "게임입니다. 몰입하는 것은 좋지만, 주변에 다른 친구들에게 위협적으로 행동을 하거나 폭력을 보이는 것은 안 됩니다." 하고 반드시 주의를 주어야 한다. 이런 행동을 그냥 놔두면, 아이들이 그것을 수용의 표시로 볼 수 있기 때문이다. 최근에는 게임 상황에서 자신의 감정을 통제하지 못하는 아이가 점점 많아지는 것 같아 안타깝다.

■ 사회자 매뉴얼

- **구성** 시민 9, 마피아 4, 경찰 1, 의사 1
- **게임 종료** 마피아가 모두 죽으면 시민이 승리하고 끝,

  시민과 마피아의 수가 같으면 마피아의 승리로 끝.

[1]

사회자: [날이 밝았습니다] 모두 일어나 주세요.

(엎드려 있던 모두 일어나 마피아 탐색 시작)

사회자: 모두 자신의 신분을 말씀해 주십시오.

(모두 시민임을 주장함)

사회자: 누가 마피아일 것 같습니까? 한 명씩 가리켜 주십시오.

(각자 한 명씩 사람을 지목한다.)

사회자: ○○씨가 가장 많이 지목되었습니다. 최후 변론을 해 주세요.

사회자: 투표를 하겠습니다. 살리자는 위로, 죽이자는 아래로 엄지를 들어 주세요.

사회자: 모두 엎드리세요.

시민일 경우: 방금 무고한 시민이 희생당했습니다.

마피아일 경우: 방금 마피아가 처형되었습니다.

경찰이나 의사일 경우: 방금 경찰이(의사가) 희생되었습니다.

[2]

사회자: 마피아의 밤이 찾아왔습니다~

(모두 눈을 감고 고개를 숙인다)

사회자: 마피아들만 서로 고개를 들어 누구인지 확인하십시오.

(마피아로 뽑힌 사람끼리만 고개를 들어 서로 누가 마피아인지 확인)

사회자: 제거할 한 명을 조용히 손으로만 가리키십시오.

(마피아들이 한 명을 지목한다. 보통 경찰이나 마피아를 잘 찾을 것 같은 사람을 먼저 제거)

사회자: 마피아들은 다시 엎드려 주세요.

사회자: 의사는 조용히 고개를 들고, 살릴 사람을 지목하세요.

(의사가 찍은 사람과 마피아들이 찍은 사람이 같으면 그 사람은 죽지 않는다) 엎드리세요.

사회자: 경찰관, 조용히 고개를 들고, 마피아로 보이는 사람을 조용히 가리켜 주세요.

사회자: (손으로 그렇다 또는 아니다 조용히 알려 주기) 경찰관은 다시 엎드리세요.

사회자: 날이 밝았습니다. 모두 일어나 주세요.

사회자: (의사가 살리지 못했으면) 지난밤 ○○가 희생되었습니다.

(의사가 살렸으면) 지난밤 시민 한 명이 의사에 의해

살았습니다.

지난 밤 경찰에 의해 마피아가 처형되었습니다.

[1], [2] 반복한다.

이렇게 반복하다가

1) 시민의 숫자 = 마피아의 숫자 → 마피아의 승리

2) 마피아 숫자 = 0 → 시민의 승리

게임 정리하기

어떤 놀이든 수업 시간에 진행하는 데는 이유가 있다. 아이들은 마냥 재미있지만, 교사는 아이들이 이 속에서 무엇인가 배우기를 바란다. 그래서 필요한 것이 '정리하기'다. 아이들에게 아쉬운 마음을 달래며 소감을 간단히 쓰도록 한다. 아이들은 흥분, 즐거움, 아쉬움, 억울함, 슬픔, 당황, 황당 등등 다양한 감정을 글로 표현한다. 갈수록 아이들의 정서 지능에 적신호가 자주 감시되는 상황에서 이런 놀이를 통한 정서 지능의 함양은 매우 의미가 깊다.

첫판이 끝나기 전에 관찰팀은 마음별 두드림 활동지에 가장 자신을 잘 숨긴 친구를 쓰고, 맡고 싶은 역할도 쓰도록 한다. 아이들의 마음속에 어떤 욕구가 있는지 알 좋은 기회가 되기도 한다. 이렇게 마무리를 하고 바로 그다음 판으로 가도 되고, 시간

활동3. 활동 평가

- 누가 가장 자신을 잘 숨겼나요?

☞ 양정윤 이유는 마피아인데 시민처럼 연기하고 시민이 죽으면 안됐다 라는 표정으로 맞장구 치면서 버티면서 살아 왔기 때문이다.

- 내가 이 게임에 다시 참여한다면 어떤 역할을 하고 싶나요? 이유는?

☞ 의사가 하고 싶습니다 이유는 자신이나 다른 사람을 살리고 구세주로 거듭이 날 수 있기 때문입니다.

활동 후 소감	스스로 평가해 봐요
마피아 게임을 하고 나서 재미있었다. 이유는 계속 버티고 살았기 때문이다. 시민인데 이렇게 오래 버티고 살아서 정말 좋았다. 시민이라는 것을 믿어주어서 좋았다. 다른 시민들은 억울 할것 같다 나 였어도 짜증이 날것 같다 특히 한주혁이다. 내가 봐도 불쌍했다. 마피아 게임 정말 재미있었다	**질문) 적극적으로 게임에 참여하거나 관찰하였나요?** **(스스로 평가하여 ○표 하세요)** **- 매우 그렇다.........(○)** **- 그렇다...............( )** **- 보통이다.............( )** **- 아니다...............( )** **- 모르겠다.............( )**

아이들 소감문

억울하기도 했지만
정말 재미있었다.
관찰 하는것도 재미있었다
사실을 말하는 친구도 있었지만
거짓을 말하는친구도 있었다
또 실눈을 뜨는 친구도 있어서
선생님께 말했다.
뒤에서 씨끄러웁게 하는
친구도 있었다. 약이올라
얼굴이 새빨게 지는 친구도
있었다. 눈을 부릅뜨고
소리를 안내고 화내는 친구도
있었다. 처음에는 시민이 승리했고
두번째는 마피아가 승리했다.
나는 희수가 제일 잘 자신을
숨긴것 같다.

처음에 마피아 같은 사람을 지목할
때, 난 시민인데 다른 친구들이
자꾸 나를 마피아라고 해서, 좀 억울했
다, 예전에, 5명 정도 끼리만 마피아를
해본 적이 있는데 그땐 사람수가 좀,
적어서, 재미가 없었는데, 이번에는
28명, 많은 친구들과 해서 정말 재
미있었다, 그리고 좀 친하지 않았던
친구들과도 더욱 더 가까워지고, 정말
친해졌다는 것을 느꼈다, 다음에 또 할
때는, 내가 마피아나, 경찰, 또는 의사를 해
보고 싶다, 다른 친구들을 감쪽같이 잘 속
일 자신은 없지만, 그래도 해 보고 싶다,
정말 재미있던 게임이었다.

아이들 소감문

이 부족할 것 같으면 게임을 보면서 기록하게 하고, 시민이든 마피아든 승패가 결정되면 바로 바꾸어 두 번째 판을 진행한다. 두 게임이 끝나면 아이들에게 가장 자신을 잘 숨기거나 활약이 두드러진 친구들을 뽑도록 해서 그 이유를 들어 보고, 감정 조절 및 활용에 대해서 쉽게 설명한다.

아이들과 이 활동을 하면서 발견한 점이 있다. 평상시 자기 표현이 활발하고 표정이 크며 적극적인 친구들은 쉽게 감정이 읽히고 시민이나 마피아로 쉽게 인식되었다. 이에 비해 말이 많지 않고 수업 중에 적극적이지 않은 아이들은 친구들에게 자신들의 감정을 쉽게 들키지 않았다. 이것을 어떻게 해석해야 할까? 표정이 다채롭지 않은 학생들이라서 당연히 감정을 숨기기 쉬웠을 것이고, 활발한 친구들은 자신들의 과한 표정이나 행동이 부자연스러워서 알아채는 단서가 되었을 수도 있겠다.

좀 더 생각해 보자면, 평소에 표현이 적극적인 학생들은 친구들과 활발하게 상호작용을 했을 테고, 친밀감을 형성하면서 감정 표현이 쉽게 읽혔을 것이다. 이에 비해 평소에 무표정한 학생들은 친구들과 상호작용이 그만큼 활발하지 못한 것일 수도 있다. 결국 게임을 잘하고 못 하고는 교실에서 친구들과의 상호작용 정도의 지표가 될 수 있다. 이 게임에서 쉽게 감정이 읽힌다는 것이 불리한 것일 수도 있지만, 학급 내 상호작용이 활발하다는 점에서는 행복한 학생이지 않을까 싶다.

3차시
다양한 표정을 보고 다른 이의 감정을 이해해요

수업 활동 _ 감정 보드게임

보드게임은 이제 교육 현장으로 들어와 많이 활용되고 있다. 코딩 교육에서도 아날로그식 보드게임으로 교육하고, 교사 연수에도 보드게임이 있을 정도다.

감정 코칭으로 유명한 최성애 박사님의 HD연구소에서 구매하여 아이들과 '감정 보드게임'을 몇 년간 해 왔다. 간단한 게임이라서 일곱 살도 할 수 있고, 아이들과 놀아 주는 어른도 함께 할 수 있다. 주사위를 던져서 전진하여 마지막 도달점인 노란 하트에 먼저 가면 승리한다.

이 게임의 장점은 쉽다는 것이다. 아울러 게임하면서 아이들이 감정을 인식하고 표현하고 조절하는 과정이 자연스럽게 이루어진다. 사실 감정 보드게임의 종류는 다양하다. 어떤 게임이건 아이들은 몰입하고 최선을 다해서 참여한다.

게임에 관해 설명할 때, 실물 화상기에 게임판을 올려놓고 설명한다. 주사위를 던질 때 책상 아래로 떨어지면 윷놀이의 낙처럼 무효가 된다는 점을 알린다. 가끔 난폭하게 주사위를 바닥으로 던지는 아이도 있기 때문이다. 말을 움직여 가다가 노란색의 놀람 카드를 만나면 놀람 카드를 위에서부터 뒤집어 들고 친구들에게 큰 소리로 읽어 준 후 지시대로 한다. 전진도 있고 후퇴도 있다. 가끔은 초반인데 좌절의 폭포로 가라고 한다. 이때 좌절의 폭포는 좌절의 폭포가 아닌 행운의 폭포다.

또 곳곳에 감정을 나타내는 얼굴이 있다. 게임이 시작되기 전에 이 감정들에 익숙해지도록 활동지에 함께 적는다. 활동지에 보기가 있기에 아이들은 쉽게 대입하면서 표정 읽기 연습을 하게 된다. 여전히 익숙하지 않은 아이들을 위해 활동지를 보거나 설명서를 세워 놓고 참고하도록 한다.

말을 움직여 표정에 이르면 감정을 말한다. 좀 수준이 높은 학급이라면 어느 때 그런 감정을 느끼는지 말한다. "나는 현장학습 가기 전날 설레요", "아픈 나를 엄마가 돌봐 주실 때 보살핌의 감정을 느껴요" 식으로 말하면 된다. 10초 이내에 우물쭈물하고 말을 못 하면 그 전 단계로 말을 옮기도록 한다.

3~5명 정도로 구성해서 게임을 하는데, 슬쩍 속이는 아이도 있어서 가끔 싸움이 일어나기도 한다. 5학년이지만 로렌 콜버그 Lawrenc Kohlberg가 말하는 도덕성 발달단계의 적정한 수준, 즉 3, 4단계가 아닌 아이들이 있다. 규칙은 누구든 지켜야 한다는 '사회적 규범 지향'의 4단계는커녕, 친구들에게 신뢰를 얻고 싶어 하는 '착한 소년—소녀 지향'의 3단계에도 이르지 못한 아이가

감정 보드게임 수업 활동 예시

있다. 속이더라도 빨리 먼저 도착하려는 자기 이익에 빠진 2단계인 아이들이 많은 것이 현실이다. 교실에서는 이런 다양한 아이들이 서로에게 영향을 미치며 함께 성장한다. 사실 어른 중에도 학력 수준을 불문하고 도덕성이 미성숙한 사람이 있다. '내가 하면 로맨스, 네가 하면 불륜요즘은 이것을 '내로남불'이라고 줄여 말한다'이라는 우스갯소리처럼 아전인수격으로 상황을 해석하고 행동하는 사람이 의외로 많다. 정치 관련 뉴스에서 다른 당이 잘못하면 당장 사퇴할 것을 종용하고 단식 투쟁까지 하면서, 우리 당이 잘

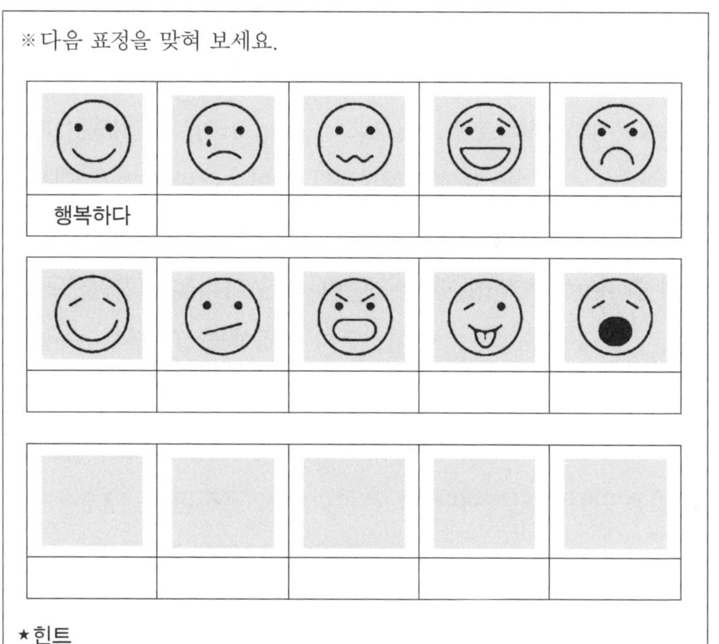

★힌트

행복하다, 감사하다, 보살피다, 설레다, 슬프다, 차분하다, 난리치다, 용기 있다, 좌절스럽다, 삐치다, 사랑하다, 화나다

못한 일에 대해서는 조용하거나 말도 안 되는 합리화를 하는 것을 보게 된다. 심지어는 들키지 않거나, 법적 처벌을 모면할 수 있다면 어떤 거짓말도 하는 1단계 '복종과 처벌 지향'의 단계로 퇴행하는 듯한 사람도 있다.

콜버그의 도덕성 발달 단계

콜버그는 인성 교육의 기초가 되는 '도덕성'을 도덕적 딜레마 상황을 인지적으로 추론하거나 판단하는 능력으로 보고, 인간의 도덕성을 3수준 6단계로 제시했다. 전쟁을 겪으며 인간의 도덕성에 대해 회의를 느낀 콜버그는 도덕적 이상 사회로의 회복을 꿈꾸며 서양, 동양, 히스패닉계의 아이들과 아버지를 대상으로 오랫동안 종단연구를 하여 도덕성 발달 단계를 찾아냈다. 아울러 콜버그는 도덕성 발달 수준이 다른 아이들이 모여 도덕적 딜레마에 대해 토론하면서 아이들의 도덕성을 끌어올릴 수 있다고 믿었다. 그러나 이러한 보편적 발달단계 뒤에 사람마다 처한 상황과 환경에 따라 인간의 도덕성이 언제든지 무너질 수 있다는 것은 안타까운 일이다.

내 경험을 말하자면, 이사한 아파트의 입주민 대표가 몇 달간 유량계 고장으로 난방비가 0으로 나온 것을 알고도 묵과한 사건이 있었다. 그 당시 입주 초기라서 몇 세대가 이런 혜택(?)을

콜버그의 도덕성 발달 단계

수준	단계	특징
'인습 이전 수준' - 물리적 결과에 따라 규범 준수 - 자기중심성	1단계 처벌과 복종 지향 (3~7세)	**동기**: '어떻게 처벌을 면할 수 있나?' 처벌을 피하기 위해 도덕규범을 지킨다. **도덕적 판단 기준**: 처벌
	2단계 도구적 쾌락주의 (8~11세)	**동기**: 나에게 이득이 되는 것은 무엇이지?' 타인의 보상처럼 나에게 이득이 되는 것에 따라 도덕규범을 지킨다. **도덕적 판단 기준**: 우선은 '나'의 욕구, 그 다음 타인의 욕구
'인습 수준' - 가족, 집단, 사회 기준에 따라 규범 준수 - 사회정의	3단계 착한 아이 지향 (12~17세)	**동기**: '다른 사람을 기쁘게 하는가?' 타인에게 인정을 받고 비난을 피하기 위해 신뢰, 충성, 의리의 행동을 취한다. **도덕적 판단 기준**: 타인의 기쁨과 인정
	4단계 법과 질서 지향 (18세~25세)	**동기**: '사회 공동체의 질서를 유지하는 행동인가?' 법의 절대성을 믿고 사회질서를 유지하는 방향으로 행동한다. **도덕적 판단 기준**: 전체의 의무감, 사회질서유지
'인습 이후 수준' - 보편적인 도덕 원리에 초점 - 개인의 양심	5단계 사회 계약 지향 (25세 이후)	**동기**: '개인이나 공동체의 존중을 얻는 공정한 행동인가?' 인간의 기본권을 지키는 것이 도덕적 행동이라 생각한다. **도덕적 판단 기준**: 인간의 기본권, 소수의 권리보호, 공동체
	6단계 보편적 원리 지향 (소수만이 획득)	**동기**: '내 자신의 양심과 인간의 도덕률에 맞는가?' 실수에 대한 자기 비난을 피하기 위한 도덕적 행동을 한다. **도덕적 판단 기준**: 양심, 현 관습을 초월하는 자율적이고 보편적인 정의와 원칙

누렸는데, 이후 어떻게 비용을 낼 것인지 결정이 되기는 했지만, 이 입주민 대표는 대표라는 직책에 걸맞지 않은 도덕성을 갖추었다는 비난을 받으며 결국 사퇴했다.

교실도 마찬가지다. 그나마 아이들은 또래끼리 곧바로 피드백하고 갈등을 해결해 가는 과정에서 교육이 가능하다. 변화와 성장이 가능하다는 점에서 어른들이 보이는 작태에 대해서 느끼는 무력감을 길게 느끼지 않기에 다행이다. 분명 몰라서 비도덕적인 행동을 하는 아이들이 있다. 착한 마음인성은 누구나 가지고 있다. 그러나 이 마음은 저절로 발현되는 것이 아니라, 끌어내고 교육해야 키워지고 실천할 수 있다. 여기서 착한 마음이란 정의로움과 배려를 가리킨다.

먼저 노란 하트에 도착한 학생들에게는 작은 초콜릿 하나를 주고, 다시 처음부터 세팅해서 시작하도록 한다. 가끔은 운이 없는 아이들도 보인다. 힘없이 하는 모습을 보면서, "오늘 운이 진짜 없네, 이런!", "속상하지? 하지만 게임이잖아? 다음 판에는 또 모르니까." 하며 위로하기도 한다. 가끔, 공책 정리도 발표도 제대로 안 되어 평소에 보상을 못 받던 학생이 먼저 하트에 도착할 때가 있다. 얼마나 신나 하는지, 활짝 펴진 얼굴을 보면 저절로 미소가 지어지기도 한다. 인생은 이 보드게임처럼 알다가도 모르겠고, 길고 짧은 것은 대 보아야 하는구나 싶다.

게임 정리하기

이 게임을 하다 보면 시간이 훌쩍 지나간다. 어떤 모둠은 두 판을 거뜬히 하지만, 어떤 모둠은 한판이 끝나지도 않는 느린 모둠도 있다. 수업이 끝나기 5분 전에 아이들 활동을 중지시키고 그 시점에서 가장 앞선 사람을 승리자로 한다.

5분 동안 '활동 후 소감'을 작성하게 한다. 하기 전에 아이들의 현재 느낌을 묻기도 하고, 게임하면서 어땠는지 자유롭게 말하도록 한다. 어떤 똑똑한 아이는 이런 말도 한다.

"우리 모둠에서 ○○가 제일 앞서다가 갑자기 좌절의 폭포로 가서 꼴등이 되고 말았는데요, 화내지도 않고, 웃으면서 '아, 이런.' 하고 계속 열심히 참여하는 모습이 멋있었어요." 이 말에 아이들은 환호성을 지르며 "너 개 좋아하냐?" 하고 농담을 하기도 한다.

"응, 선생님도 봤어요. 선생님 같아도 화가 많이 날 텐데, 슬쩍 웃고 여전히 열심히 참여하는 것을 보니, 저런 친구와 친구가 되면 배울 점이 많겠다 싶네요."

칭찬 한마디에 꼴등인 아이가 일등이 되는 묘한 상황도 벌어진다. 1등과 꼴등이 중요한 것이 아니라, 그 상황에 놓였을 때 느끼는 감정을 얼마나 잘 다스리는지가 중요하다. 그리고 꼴등으로서의 좌절감, 1등으로서의 자만심을 잘 관리하는 학생이 대인관계가 원만하고 좋을 수밖에 없다.

우리는 인생을 살면서 다양한 좌절을 겪는다. 그럴 때, 감정

내가 보드게임을 할땐 좀 운이
없었던것 같다.
꼴등도 아니고, 1등도 아닌...
이상한 기분이였다.
내가 1등을 하고 싶었다.
하지만 1등은 날라갔다 ㅠㅠ
그래도 괜찮다.
다음에 할 때 이기면 된다고...
괜찮다고...
졌을때 감정조절이 어려웠지만
잘 숨긴 것 같다 ^^ (슬픈마음을)

처음에는 내가 가장 앞서있었는데
민기에게 역전당해서 정말 하늘이
무너지는것 같았다.
민기가 1등을 해서 부러웠다.
2번째 게임에서는 내가 운이
없었다. 애들과 10칸이나 벌어져서
꼴등하는줄 알았는데 2등까지 가서
정말 놀랐다. 하지만 내가 계속
함정에 걸려서 1등을 하지못했다.
또 민기가 1등할 뻔했는데 허정윤이
다행히 역전을 해서 기쁨을 쏟아내렸
그리고 그때의 나의 감정은 좌절스럽다
이다. 내가 1등할수 있었는데...
정말로 아쉽고 아깝다.
내운이 조금만 더 좋았으면 좋겠다.
다음에는 꼭 1등을 해야되겠다.

나는 보드게임을 좋아하는데, 모둠끼리해서 너무좋았다
김주원이라는 아이는 자신이 질것같으면 '나 이번 판
져봐야지' 라고 말해서 어이가 없었다. 그리고
첫 판엔 2등을 하고, 두 번째 판엔 1등을 해서 기분이
좋았다. 예전에는 너무 침착하게해서 나는 놀라웠다.
왜냐하면 예전에는 침착하지만 나는 너무흥분해서
소리를 질를 뻔했기 때문이다. 그리고 민기는 너무 약과
남이 지는것을 좋아하는 것같아, 어이가 없고 짜증이
났다. 그리고 여기서 감정을 많이 배워서 뿌듯하
감정표현을 잘 못하지만 이제는 잘 조정 된것
같다. 그리고 이 보드게임은 너무 약간 정신 사납지만
선생님께서 알려준것 처럼 차분하게 정리를 하면
잘 된다. 나는 설레다라는 말이 너무 좋다. 그리고
표정도 좋다. 하지만 나는 매일 기쁘고 싶다.
^^ 그리고 나는 친구에게 감사하고, 선생님께도 감사

감정게임을 하면서 거기에 나오는
있는 감정이 나한테에도 느껴
졌다. 김동희는 일등이였는데
도랑에 빠져서 똑같았다. 그래도
일등을 했다. 진 것에 대해 속상
하지만 나는 인정했다. 내가 가장
좋아하는 감정은 행복하다 이다.
행복하다는 사람은 삶이 긍정적이
게 되기 때문이다. 게임을 할 때
준모가 잘해줘서 고마웠다.
김동희가 초콜릿 2개를 받았는데
1개를 정서에게 주어서 조금
속상했다. 다음에 이게임을
하고싶다.

내가 처음부터 이기고 있었는데 몇 개
안 남았을 때 '좌절의 폭포'로
떨어져서 하늘이 무너지고 내 마음
속에서 불이 나고 막 난리가 나면서
마음이 지저분해졌다.
그리고 우리 모둠은 모두 다 흥분을
해서 다들 이기고 싶어하고
게임을 아ㅅㅅ수 집중에 진통을
하고 있다는 것을 알게 되었다
내가 이기지 못 해 속상하고
슬펐는데 초콜렛을 못 받아서
더 속상했다. 다음번에 또 게임을
하게 된다면 난 머리도 잘
쓰고 차분하게 게임을 진행하여
서 내가 꼭 이기고 싶다. 나의
승부욕이란 내가 멈출 수가
없이 승부욕은 나와서 어쩔 수가
없다

게임은 드라마 같다. 왜냐하면
갑자기 위로 올라갔다가 반전이
생겨서 아래로 떨어지기 때문이다.
처음에는 내가 1등을 유지하고
있었는데 다른 애들이 날 치고 올라
갔다. 초콜릿을 받을수 있었는데.....
오늘 게임을 통해 많은 감정을 얻었다.
행복하다, 설레다, 실망하다, 화나다
좌절스럽다. 삐치다. 사랑하다,
화나다, 보살피다, 용기있다, 차분하다
등 아주 많은 감정을 알게 되었다.
결국 초콜릿은 못받았다. 아무튼 오늘
게임은 아주×100 재미있었다.
앞으로도 또 게임을 많이 했으면
좋겠다. 오늘 같은 날이 많이 오기를..

아이들 소감

을 어떻게 다스리고 어떤 행동을 취하느냐는 내 선택의 문제이며, 이 선택으로 내 길을 바꿀 수도 있다. 아이들이 게임을 통해 자신의 감정을 인식하고 이해하는 것을 넘어 조절하는 것이 얼마나 중요한지 배우는 기회가 되기를 바란다.

4차시

오감을 이용해 자유롭게 감정을 표현해요

수업 활동 _《느끼는 대로》 주인공과 만나기

동화에 관심을 두기 시작하면서 자주 만나는 동화 작가가 있다. 특히 글과 그림을 함께 담아내는 작가의 경우, 더욱 주의 깊게 보게 된다.

고릴라 시리즈로 유명한 '앤서니 브라운'이 가장 대표적이다. 영국 왕립병원에서 의학 전문 화가로 일하면서 인체 해부도 등을 그렸던 그의 세밀하고 놀라운 그림 실력이 동화에서 그대로 나타난다. 그의 그림은 보고 또 봐도 재미가 있다. 존 버닝햄대표작 《지각대장 존》, 팻 허친스대표작 《로지의 산책》, 마르쿠스 피스터대표작 《무지개 물고기》, 백희나대표작 《구름빵》 등 유명한 작가들 또한 놀라운 글과 그림 솜씨를 보여 준다.

이와 더불어 자주 만나는 작가가 '피터 레이놀즈'다. 《점》김지효 옮김, 문학동네, 2003과 《느끼는 대로》엄혜숙 옮김, 문학동네, 2004가 가장 대표작이다. 《점》의 주인공인 베티와 《느끼는 대로》의 레이먼은 피터 레이놀즈의 어릴 적 모습이 아니었을까 싶다. 《느끼는 대로》 첫 페이지의 헌사가 그것을 말해 준다.

내가 느끼는 대로 그림을 그리게 해 주신
첫 번째 미술 선생님께 이 책을 바칩니다.

4~5학년이 되면 사실대로 똑같이 그려야 한다는 생각으로 서서히 미술에 대한 흥미를 잃어 간다. 이런 아이들에게 미술이란 자신의 감정을 자유롭게 표현하는 소중한 도구임을 느끼게 해 주고 싶었다. 자유롭게 표현하는 것도 충분히 가치 있는 작품이 될 수 있다는 것과 자신감을 찾게 해 주고 싶어서 피터 레이놀즈의 작품을 선택했다.

감정을 표현하기 위해서는 우선 감정을 불러일으켜야 한다. 그리고 감정을 표현한다는 것이 어떤 것인지 아이들에게 알려 주어야 한다. 이 점에서 피터 레이놀즈의 《느끼는 대로》라는 작품은 두 조건을 모두 충족한다.

"느끼는 대로 표현한다는 것은 무엇일까요?"

"내 느낌이나 생각을 표현하는 방법에는 무엇이 있을까요?"

이렇게 감정을 표현하는 방법과 관련해 아이들과 이야기를 나눈다. 음악, 그림, 글, 춤 등 다양한 답변이 나온다.

"그렇구나……. 그중에서 이 아이는 느끼는 대로 표현하는데, 어떻게 표현했을까?"

표지를 보여 주며 아이들한테 "그림으로요."라는 반응을 유

이미지 제공_문학동네

도한다.

자연스럽게 레이먼, 여동생인 마리솔"마데카솔이 아니고 마리솔이야"하고 말하면 아이들이 와~ 하고 웃는다, 갈등 유발자인 형 레온게임 캐릭터 중에 레온이라는 인물이 있는지 아이들이 신나게 자기들끼리 이야기를 나눈다을 소개하고 이야기를 읽어 준다. 이때 레이먼과 마리솔이 느낀 감정을 그때그때 써 보게 한다. 감정 용어로 간단하게 말이다.

형 레온의 비웃음 속에도 언제 어디서든 그림을 놓지 않았던 레이먼이, 똑같이 그리지 못하는 자신의 그림 실력에 좌절하면서 이야기는 시작된다. 동생 마리솔이 오빠가 그린 그림들을 자신의 방에 붙여 놓았고, 이를 오빠에게 보여 주면서 그림은 똑같이 그리는 것이 아니라 자신의 느낌대로 자유롭게 그리는 것임을 깨닫도록 안내한다.

아이들은 레이먼과 마리솔의 감정을 열심히 활동지에 적는다. 형 레온이 똑같이 그리지 못한다고 비웃을 때의 당황, 속상함, 분노, 실망, 좌절감, 슬픔, 증오, 미움, 우울과 동생 마리솔 덕분에 느낀 감동, 고마움, 희망, 기쁨, 설렘, 행복 등 부정적 감정과 긍정적 감정을 표현하는 낱말이 모두 쏟아져 나온다. 마리솔이 레이먼 오빠에 대해 가지는 안타까움, 속상함, 걱정스러움, 뿌듯함, 다행, 설렘 등의 감정도 아이들이 읽어낼 수 있다. '정서 이해'를 위해 이보다 좋은 자료가 있을까 싶다.

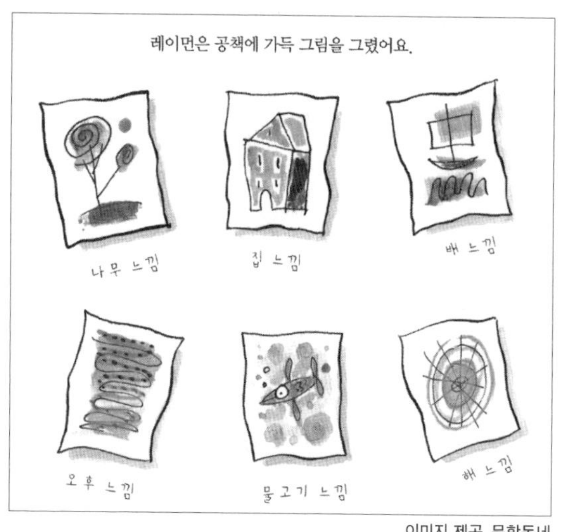

이미지 제공_문학동네

레이먼이 표현한 여러 가지 그림이 있다. 그중에서 '오후 느낌'이라는 그림의 제목을 손으로 가리고 아이들에게 제목을 묻는다. 아이들은 햄버거, 햇살, 주홍 아지랑이 등 이야기를 하다가 주홍빛이 흐물거리는 표현을 보고 용케도 '노을 느낌'이라고 말한다. 결국 이 노을 느낌이 오후에 느껴지는 감정이라는 것까지 유추해 낸다. 내가 들은 가장 아름다운 제목은 '바람 속 흩날리는 낙엽'이다. 한 여학생이 왠지 바람 속에 낙엽이 날아다니는 것을 연상했는데, 원래 제목보다 아름답다고 느껴 나도 모르게 감탄했다. 아이들이 그림에 대한 감상을 느낀 대로 표현하면서 2차로 자유 정서 표현을 하는 것이다.

느끼는 대로 그리기

이후 아이들에게 "우리도 레이먼처럼 '느끼는 대로' 그릴 수 있겠지?"라고 하면서 음악을 듣고 그 느낌을 간단한 점, 선, 면으로 자유롭게 표현할 수 있도록 안내한다. 곧바로 느낌을 표현하라고 하면 아이들은 당황한다. 우선, 인간의 기본적인 감정을 물어본다. 두려움은 쉽게 말하지 못했지만, 기쁨, 슬픔, 분노는 잘 찾아낸다. 두려움을 추가해서 아이들에게 이러한 감정들을 일으킬 수 있는 음악들을 들려줄 것이라고 안내한다. 아이들에게 노랑, 분홍, 보라, 하늘색 포스트잇을 미리 붙이게 한다.

"음악을 들려주면 들으면서 떠오르는 감정대로 색연필의 색을 선택해서 자유롭게 그려 보세요. 레이먼처럼."

그러나 아이들이 레이먼처럼 모두 자유롭지는 않다. 추상화나 반 추상화를 그리는데 아직 익숙하지 않고, 구체적인 장면을 그려야 편안해하는 아이도 있다. 감정을 나타내는 추상화는 생각보다 쉽지 않다. 4학년 사실화 시기를 갓 지난 아이들이기에 사실적인 장면을 그려야 편안해하는 아이들이 많을 수밖에 없다. 다행인 것은 큰 도화지가 아닌 손바닥만 한 종이에 그려서인지 아이들은 그나마 부담 없이 표현한다. 더구나 흰 바탕이 아니니 더욱 좋아한다. 희고 넓은 종이에 공포와 부담을 느낀다는 것은 잘 알려진 사실이다. 아이들이 쉽게 다가갈 수 있는 크기로 아이들의 표현 의욕을 높이는 것이 중요하다.

곡 선정은 내가 가지고 있는 음반 중에 가사가 없는 것으로

활동2. 음악을 듣고 그리기

1. 기쁨, 분노, 슬픔, 두려움의 음악을 차례로 듣고
2. 포스트잇에 느껴지는 감정을 그림으로 자유롭게 그립니다.
3. 모둠별로 같은 감정을 그린 그림을 모아서 나누어 가지고 활동지에 붙입니다.
4. 모은 그림을 보고 제목을 붙이고 시로 나타냅니다.

〈그림1: 친구 작품〉	〈그림2: 친구 작품〉
〈그림3: 친구 작품〉	〈그림4: 친구 작품〉

했다.

기쁨: The happy song

분노: 비발디의 바이올린 협주곡 제4번 〈겨울〉 1악장

슬픔: Song From A Secret Garden Cello Jazz Piano

두려움: 슈베르트의 마왕(Erlkonig, 魔王)

기쁨을 나타내는 'The happy song'은 아이들이 듣자마자 경쾌한 피아노 소리에 어깨를 들썩이기도 한다. 음악을 들려주며 "예, 오늘의 날씨를 알려드립니다. 지금 편서풍의 영향으로 비가 올 예정이지만 고기압의 영향으로 곧 화창하겠습니다……." 하고 기상 예보관을 흉내 내듯 말한다. 아이들 얼굴에서 웃음이 번진다. 웃으면서 "아하!" 하면서 노란 바탕에 그림을 그리기 시작한다. 아이들에게 우선 음악을 들으며 연상되는 것들을 자유롭게 말하게 한다. 아이들이 느끼는 것을 그대로 나타내도록 하면 가장 최상의 지도일 것이다.

그러나 아직 익숙지 않고, 표현하기를 어려워하는 아이들을 위해 "선생님은 이 곡을 들으면 새싹이 움트는 느낌도 들고, 불꽃놀이 장면도 떠오르고, 또…… 비눗방울이 날아가는 느낌도 들고……" 하며 열심히 설명한다. 어느덧 아이들은 내 말을 듣는지 마는지 자기 그림에 빠져 있다.

분노의 감정을 나타내기 위해 선택한 노래는 비발디 '사계'의 겨울 1악장이다. 추운 겨울, 얼어 버린 강을 건너는 사람들이

세찬 겨울바람에 몸을 잔뜩 움츠리고 종종걸음으로 걷는 것이라고 일본의 누군가가 해설을 해 놓았다고 한다. 원래 신부님이었던 비발디는 바이올린 협주곡이라고만 했을 뿐이란다. 이 곡을 봄, 여름, 가을, 겨울로 구분해서 각 악장을 계절에 맞게 해설을 붙인 사람은 어떤 일본인이라고 한다. 기가 막히게 잘 붙여 놓았다. 하지만, 나는 겨울 1악장을 들으며 서서히 끓어오르는 분노, 그것을 분출하는 누군가가 떠오른다. 아이들과도 이 곡에 관해서 이야기를 나누면 나처럼 단번에 분노가 어떤 특징이 있는지 느낀다. 미술 작품과 마찬가지로 음악 작품도 내가 느끼기 나름이지만, 가끔은 남들이 그렇다고 할 때 나만은 다른 느낌이 들 수도 있다.

슬픔을 나타내는 '시크릿 가든'이라는 곡은, 첼로 선율이 무겁지만 감미롭고 슬프다. 이 곡을 들려주면 갑작스레 나오는 낮은음으로 아이들은 당황하며 웃는다. 하지만 어떤 아이들은 갑자기 들려오는 낮고 슬픈 음에 숨마저 멈추고 멍하니 감상에 빠지기도 한다. 사춘기에 들어서는 아이들이 많아서인지 특히 여학생 중에 이 곡을 또 듣고 싶어 하기도 하고 제목을 물어보며 집에 가서 또 듣겠다고 말한다.

"이 곡은 첼로라는 악기의 선율이라서 더 깊고 그윽하고 슬프게 느껴지는 것 같아요. 여러분은 어떨 때 슬픈가요?"

아이들은 시험 점수 낮다고 엄마가 등짝을 때리고 방으로 들어가라고 할 때, 친한 친구가 전학을 갈 때, 친구가 배신할 때 등등 다양하게 말한다.

“그렇구나…… 나는 이 곡을 들으면 비가 오는 날 슬픈 마음에 눈물을 흘리며 빗속을 걷는 사람이 떠오르는데. 특히 내가 좋아하는 사람이 다른 사람을 좋아한다는 것을 아는 삼각관계의 상황일 때?”

아이들은 모범생처럼 생긴 선생님이 순정만화에나 나올 것 같은 이야기를 하는 게 신기한지 재미있다는 눈빛으로 나를 바라본다. 나의 말에 영향을 받아 비 오는 장면을 그리는 아이들도 있지만, 대부분 자신이 생각하는 슬픔을 잘 나타낸다.

마지막으로 두려움을 나타내는 슈베르트의 ‘마왕’이다. 아이들에게 질문한다.

“사람은 언제 가장 두려움이 클까요?”

아이들은 나의 질문에 ‘혼자 있을 때, 무서운 영화를 볼 때, 무서운 이야기를 듣고 어두운 곳을 지날 때’라고 다양하게 대답을 한다.

“그래요? 선생님은, 사람들은 대체로 이때 가장 두려워하고, 이 두려움을 이겨내기 위해 종교를 믿는다고 알고 있어요. 뭘까?”

아이들은 좀비니 유령 등을 말하며 농담으로 가볍게 생각하다가 재차 묻는 말에 한동안 생각하더니 “죽음!”을 떠올린다.

“맞아, 죽음…… 하지만 내 자기 죽음보다 더 두려운 것은, 내가 가장 사랑하는 사람의 죽음이겠죠. 이를테면 자식의 죽음……. 이런 상황을 표현한 유명한 가곡이 있어요. 슈베르트가 지은 ‘마왕’이라는 곡이에요.”

"마왕이요?"

"죽음의 왕이겠지, 악마의 왕. 이 곡을 슈베르트가 지었는데, 이것을 듣고 화가들이 그림으로 나타냈어요. 곡과 그림을 함께 감상해 봅시다."

곡의 느낌을 살려 단순하면서도 공포와 불안을 잘 표현한 애니메이션이 있어서 아이들에게 쉽게 소개할 수 있다. 피아니스트의 빠른 연주로 시작되는 곡을 들으며, 감상을 시작하는 아이들에게 고열로 사경을 헤매는 아이를 안고 말을 달려 의사에게 가는 사연을 소개한다.

"아빠, 저게 보이지 않으세요?", "아빠, 어디 계세요?" 하며 열로 의식을 잃어 가는 아이의 대사, 아이를 달래며 살리려고 노력하는 아버지의 대사, 아이를 죽음으로 유혹하는 마왕의 대사를 간간이 말해 준다. 중학교 때 음악 시간에 배운 내용이 이렇게 아이들에게 전달된다. 중학교 때 음악 선생님께 새삼 감사하다. 아이들은 다양하게 변하는 마왕의 모습을 보며, "무섭겠다"고 말한다. "어, 〈센과 치히로의 행방불명〉에 나오는 가오나시 같다!"며 자신의 경험을 연결하기도 한다. 맨 마지막에 병원에 도착해서 안고 있던 아이의 고개가 뒤로 늘어져 죽음을 확인한 아빠가 아이를 껴안으며 우는 모습을 보면서 아이들은 "헉!" 하고 숨을 죽인다. 이내 두려움과 슬픔이 범벅된 감정을 잘 나타낸다.

가끔 죽음을 이야기하는 과정에서, 생각지도 못하게 주변에서 겪은 경험으로 힘들어하는 아이들이 있어서 깜짝 놀랄 때가 있다.

이야기를 한창하고 그림을 그리는데, 어떤 아이가 고개를 숙이고 있고, 옆 짝꿍이 나에게 다가와서 귓속말로 "선생님, ○○가 울고 있어요. 재 엄마가 작년에 돌아가셨거든요." 하고 나직하게 이야기했다. 난 당황하기도 했지만, 미안한 마음으로 그 아이에게 다가갔다. 주머니에서 휴지를 꺼내 건네며 "누가 떠오르나 보다. 미안하네." 하며 가만히 등을 다독였다. "선생님도 작년에 아버지가 돌아가셨어……. 많이 힘들겠지만, 그분들은 우리가 잘 지내길 바라실 거야. 응?" 하며 위로한다. 다행히 아이는 고개를 끄덕이며 감정을 수습한다. 나의 위로는 그 학생을 위한 것이기도 하지만, 나 자신에 대한 위로이기도 하다.

아울러 어린 나이에 엄마를 떠나보낸 그 아이에게 죽음을 이야기하며 아픔을 상기시켜서 정말 미안하고 안쓰럽다. 다행히 다음 시간부터는 밝은 얼굴로 인성 수업에 오고, 일부러 와서 인사까지 한다. 아마도 동병상련의 감정을 느끼는 것 같았다. 세상에 부모가 죽는 슬픔을 안다는 것은 직접 겪지 않은 이상은 모르리라. 내가 개인적으로 비슷한 시기에 같은 아픔을 느꼈다는 감정이 그 아이를 위로해 준 것 같아서 다행이라는 생각이 들었다.

나와서 귓속말로 말해 준 그 짝꿍도 새삼 고맙다. 귓속말로 그 아이 상황을 빠르게 말해 준 그 아이는 평소에는 수다스럽고 짓궂은 학생이다. 3학년 때 만났을 때 첫인상은 '참, 말이 많네. 활력이 넘치는군.'이었다. 그러나 《고양이 피터》에릭 리트윈 글, 제임스 딘 그림, 이진경 옮김, 상상의힘, 2012를 읽고 가사를 개사해서 리듬을 만들어 넣어서 발표했는데, 랩을 너무 잘해서 감탄하며 진심으로 칭찬했다.

"넌, 래퍼로구나. 와! 이런 리듬감은 처음이다!"

그다음부터는 만날 때마다 "선생님, 저 래퍼예요, 안녕하세요?" 하며 히죽 웃는다. 좀 더 친해지자 자신이 어릴 때 심장 수술을 했었다며 수술한 자국까지 보여 주려고 하고, 한 살 아래인 동생 때문에 겪는 스트레스를 하소연하며, 동생 인성이 바로 되도록 잘 가르쳐 달라며 부탁하기도 한다. 평소에는 까불거리고 아이들을 웃기지만, 올바르지 않은 일에는 정색하고 어른에게조차 진지하게 용기를 내어 자기 생각을 말하는 정의감과 배려심이 있는 멋진 아이다.

아이 중에는 이처럼 선천적으로 마음이 따뜻하고 선한 아이가 있다. 그런 아이들을 만날 때면 나도 위로가 되고 감사함을 느낀다. 아울러 그 아이들을 한 인격체로 더 존중하고 지켜 줘야겠다는 마음이 인다.

느끼는 대로 쓰기

이렇게 나타낸 작품들은 다양하게 글쓰기로 연결할 수 있다. 글쓰기 과정에서 감정을 더욱 잘 이해하게 된다.

시간적 여유가 있으면, 네 명이 한 모둠인 상황에서 기쁨, 분노, 슬픔, 두려움별로 나누어 갖고 그 감정에 대해서만 떠오르는 대로 시를 짓도록 한다. 예를 들어 자신의 기쁨을 나타낸 그림과 다른 세 명의 기쁨의 표현을 받아서 공책에 붙이고 그림을 연결하여 기쁨과 관련된 내용을 연상하여 글로 정리할 수 있다. 다른 친구의 작품이 내 공책에 있다는 것을 신기한 듯 보며 각자 글을 쓴다.

하지만 시간적 여유가 없다면, 자신이 표현한 네 가지 감정 중 한 감정을 선택하여 시나 글로 정리한다. 하지만 두 개의 감정 또는 네 가지 감정을 모두 연결하여 쓰는 창의적인 아이들도 있다. 어떤 아이는 기쁨에 시계를 그려 놓았다.

"기쁨과 화남에 둘 다 시계를 그렸네?"

"예, 기쁨은 오후 2시 40분, 수업이 끝나는 시간이에요. 화남은 아침 8시 50분, 학교에 가야 하는 시간이에요."

"아이고, 이 녀석. 그렇게 학교에 오기 싫으니?"

학교에 다니는 것이 참도 싫은가 보다 싶어 안타깝기는 하지만, 그냥 수용한다. 배움이 늘 기쁜 것만은 아니니까 말이다. 요즘처럼 재미있는 것이 많고 유혹이 많은 세상에서는 학교가 아무리 재미있어도 개인적 재미를 따라가기는 어려울 수도 있다.

아이들이 자유롭게 표현하는 그림을 보고 있노라면, 바로 자신의 감정을 표현하는 아이, 많이 주저하는 아이, 추상적으로 거침없이 그리는 아이, 그리는 것에 자신감이 없는 아이 등등 참 다양하다. 자신의 공간, 자신의 활동지 안에서도 자유롭지 못한 아이들이 보이면 참 안타깝다.

<그림1: 친구 기쁨 작품>
기쁨
<그림2: 친구 분노 작품>
분노
<그림3: 친구 슬픔 작품>
슬픔
<그림4: 친구 두려움 작품>
두려움
<제목: 내 통장 ~~ >
내 통장 내통장
또 엄마한테 털렸네
너무화가 나네
1년동안 모은 돈이
하루만에 사라지네
엄마는 나를 괴물로 만드
약이네

느끼는 대로 활동 결과

<그림1: 친구 기쁨 작품>
<그림2: 친구 분노 작품>
<그림3: 친구 슬픔 작품>
피아노
happy
<그림4: 친구 두려움. 작품>
<제목: 신나는 친구지만 화나는 친구.>
나는 친구와 함께 놀 때 행복하고 신나고 기쁘다. 그런데 어느날,
내가 싫어하는 친구와 나의 단짝친구가 놀고 있는 모습을 보았는데
배신감도 들어왔다. 친구는 엄청 행복해 보였는데 나는 슬펐
다. 그리고 어느날 친구가 안하던 짓을 했다. 그 안하던 짓은
나를 놀리는거다. 난 화가나서 때렸다. 근데 집에서 친구가
날 진짜 배신하고 그애랑만 놀면 어떡하지? 라는 생각

느끼는 대로 활동 결과

<그림1: 친구 기쁨 작품>
<그림2: 친구 화 작품>
<그림3: 친구 슬픔 작품>
터벅...
<그림4: 친구 두려움 작품>
<제목: 두려움의 시대. >
오늘 1명이 내게 떠나네
1명이 2명.. 2명이 3명.. 늘어나네
이제 두려움의 시대가 일어나네.
그때.. 3명이 2명.. 2명이 1명 줄어드네.
이제 두려움의 시대는 끝났네.. 휴~

느끼는 대로 활동 결과

5차시

상처 입은 마음을 따뜻하게 위로해요

학교 폭력이라는 무시무시한 말을 새삼 꺼내지 않아도 아이들은 친구들과의 관계, 부모님, 교사, 주변의 다양한 사람들과의 관계 속에서 다양한 갈등을 겪는다. 갈등을 넘어 은밀한 공격, 눈에 띄는 공격뿐만 아니라 폭력을 당하기도 한다. 이런 공격은 이제 온라인까지 확장되어 시공간을 초월하여 하루도 빠짐없이 언어적인 공격을 당하고 갈등을 겪는다. 그러다가 고통을 받기도 하고, '사회적 죽음'을 경험하기도 한다. 이런 과정은 '자존감 하락'과 이어진다. 신체적 공격은 줄어들고 있다 하지만, 언어적 공격은 늘었으며 그 공간과 영역은 더욱 확장되는 어려운 시대다.

이런 상황에서 어른이 해 줄 수 있는 것은 정의롭고 따뜻한 사회를 만드는 것일 텐데, 상황이 여의치 않다. 따라서 실질적으로 해 줄 수 있는 가장 좋은 방법은 '회복 탄력성'을 기르도록 도와주는 것이다. 누구나 상처를 입는 시대에, 같은 강도의 상처를 입더라도 덜 다치고 빨리 회복할 수 있도록 마음의 힘을 길러 주는 것이다. 특히 아이들이 겪는 다양한 상처 중 언어폭력에 의

한 것이 많다. 언어폭력은 신체 폭력처럼 눈에 보이지 않으나 마음에 생채기를 내고 켜켜이 쌓이기도 한다. 이것이 삶과 타인을 바라보는 방식에 부정적인 영향을 줄 수 있다. 주위로부터 언어폭력을 많이 당한 사람의 마음이 밝을 수가 없으며 그러한 아픔은 다른 사람을 향한 공격으로 이어질 수밖에 없을 것이다. 웃음 뒤에, 타인을 조롱하고 협박하며 공격하는 행동 뒤에 감추어진 아이들 마음의 상처를 알아보는 것은 매우 중요하다.

화가들은 왜 자화상을 그렸을까?

아이들에게 프리다 칼로의 실제 얼굴을 보여 준다. 아이들은 눈썹이 짙다는 둥, 남자 같다는 둥 인상을 이야기한다. 프리다 칼로가 화가임을 아는 학생들이 있다. 어느 나라 사람이냐는 질문에 '멕시코'라고 말하는 똑똑한 아이들도 있지만, 감을 못 잡고 인도, 미국, 노르웨이 등 다양하게 말하기도 한다. 막강한 힌트를 준다며 디즈니 애니메이션 〈코코〉의 '기억해 줘'라는 노래를 흥얼거리면 아이들은 나라 이름을 쉽게 맞힌다.

중요한 발문은 "그럼, 프리다 칼로는 어떤 그림을 많이 그렸을까요?"다. 용케도 '자기 모습'이라고 대답하는 아이도 있지만, 다르게 말하는 아이도 있다. 더 중요한 질문은, "그럼 왜 자기 자신, 자화상을 많이 그렸을까요?"다. 아이들은 잘난 척하려고, 자신에게 관심이 많아서라고도 하지만, 자기의 감정을 사람들에게 표현하고 싶어서라고 수준 있는 대답을 하기도 한다.

"서양화가 중 유독 자화상을 많이 그린 사람이 있어요. 렘브란트, 고흐, 프리다 칼로."

렘브란트, 자화상, 120×80cm, 영국 내셔널갤러리, 1640.

렘브란트는 허영심이 있고 자신을 꾸미는 것을 좋아했다는 일화가 있다. 그래서인지 그림에서 나르시시즘이 느껴진다. 젊은 시절 자신을 그린 그림을 보면 참 멋들어지게 그렸다. 빛과 어둠의 조화를 완벽하게 구현하는 그의 천재성은 모두가 인정하는 바이니 여기서는 언급하지 않겠다. 인간으로서 렘브란트를 보았을 때, 부인과 더불어 낭비벽이 있어서 좋은 옷이나 장신구를 사서 걸치고 있는 자신의 모습을 그림으로 자주 그렸다고 한다. 결국은 자신을 너무 사랑해서, 아이들 말로 표현한다면 잘난 척, 자기애가 넘치는 자화상을 그렸다는 것은 틀린 말은 아닐 것이다. 안타깝게도 말년에 빚에 쪼들렸다고도 한다. 이런 일화를 들려주고, 아이들이 가장 많이 접한 화가인 '고흐'는 왜 자신을 많이 그렸을까 상상해 보라고 한다.

고흐, 자화상, 65×54cm, 프랑스 오르세미술관, 1889.

고흐도 잘난 척하려고 그렸다고 킥킥대며 말하는 아이도 있고, 자기 귀를 자른 엽기적인 일화를 아는 아이들은 귀 자른 모습을 보여 주려 한다고 맘대로 유추하기도 한다. 많은 이야기가 나왔지만, "빈센트 반 고흐는, 모델을 살 돈이 없었어요."라고 말하면 순간 정적이 흐른다. 잘난 척이라고 말한 아이들은 좀 부끄러워하기도 하고, 가난해서 그 많은 자화상을 그렸다는 사실에 동정심이 일어나는 것 같기도 하다. 아이들이 받아들일 여유가 있다면, 그가 밀레를 가장 존경했고, 사실주의 이상의 자연주의자인 밀레처럼 서민의 있는 그대로의 삶을 그리는 것에도 관심이 있었음을 알려 줄 수도 있다. 더 나아가 자신의 내면을 탐색하는 것, 자신을 모티프로 당시 유행했던 프리즘으로 분산된 빛깔을 탐색하는 인상주의 화풍을 나름대로 연구했다는 것까지 말할 수도 있다.

칼로, 테후아나 여인으로서의 자화상, 76×61cm,
멕시코 프란시스코와 로시 곤잘레스 바스케스 컬렉션, 1943.

"그럼, 프리다 칼로는?"

아이들은 렘브란트 유형의 인간일까, 고흐 유형의 인간일까 고민한다.

"그 답은 여기 영상자료에 있어요." 하며 유튜브에 올라온 영상을 보여 준다.

이 영상은 EBS 지식채널에 나오는 것www.youtube.com/watch?v=tPAdUv90AxI과 한국감성교육개발원에서 만든 어린이용 영상www.youtube.com/watch?v=VuSx9muT7XY이 있다. 지식채널에 나오는 내용은 남편인 '디에고 리베라'의 여성 편력으로 인한 상처까지 나와 주제가 다소 무겁다. 초등 6학년부터는 시청이 가능하다. 이에 비해 한국감성교육개발원의 것은 만화로 되어 있어서 다가가기가 쉽고 명료하다. 그래서 5학년과 수업할 때는 후자의 것을 보여 준다.

동영상을 보면서 그냥 보게 하면 쉽게 잊는다. 아이들에게 활동지에 간단히 메모하면서 동영상을 시청하라고 이야기한다. 개조식으로 작성하는 것을 알려준다. 메모도 기술이기 때문이다.

1907년 멕시코 탄생, 6살 척추성 소아마비, 18살 버스 교통사고로 척추를 비롯한 뼈가 부서짐, 침대에 누워 그림을 그리기 시작, 디에고와 결혼, 유산, 이혼, 멕시코 화가 최초로 루브르 박물관에서 전시회 가짐.

이렇게 정리하게 한다.

"자, 결국 프리다 칼로는 왜 자화상을 많이 그렸을까요?"

"자신의 고통, 사랑, 감정을 표현하려고요."

"침대에 누워 생활할 수밖에 없어서, 거울로 볼 수 있는 것은 자신뿐이니까요."

둘 다 맞는 답변이다. 침대에 누워서도 치열하게 자신을 성찰하고 고통에 직면한 그녀의 열정적인 삶의 일부를 조금이라도 이해하는 시간이다.

아울러 동영상을 시청하고, 프리다 칼로에게 할 질문도 두세

가지 정도 쓰도록 한다. 질문을 할 수 있다는 것은 그 사람에 대해 이해한다는 증거다. 아이들의 질문 수준에 따라 그들이 프리다 칼로를 얼마나 이해했는지 알 수 있다.

활동1. 프리다 칼로 이야기 시청하기

•프리다 칼로 동영상을 보고 알게 된 사실을 간단히 메모해 봅시다.

활동2. 프리다 칼로 인터뷰하기

•프리다 칼로에게 하고 싶은 질문을 써 봅시다.
질문 1.
질문 2.
•프리다 칼로에게 질문해 봅시다.

프리다 칼로의 작품과 만나기

미술 작품 감상 시간은 아니지만, '상처'라는 주제를 가지고 수업하기 전에 프리다 칼로의 대표 작품을 보며 함께 분석하는 시간을 갖는다. 〈상처 입은 사슴〉을 아이들에게 보여 주고 나름대로 분석하게 한다. 시간이 더 있다면, 제목을 맞히면서 시작할 수도 있다. 피 흘리는 사슴, 화살 맞은 사슴 등 보이는 그대로 얘기하는 아이들이 있다. 아이들은 일단 사슴이라는 것에 눈길을 준다. 쏜 사람은 없고 상처 입은 사슴만 홀로 숲속을 헤매고 있다는 사실에 집중한다.

칼로, 상처 입은 사슴, 22.4×30cm, 개인소장, 1946.

이 작품을 보고 아이들에게 질문을 만들어 보라고 하면, 다양한 질문이 나온다.

"왜 사슴인가요?"

"왜 나무들이 모두 꺾여 있나요? 나무들이 건강하지 못한 이유는?"

"뒤에 바다를 그린 이유는 무엇인가요?"

"상처를 입고 숲속을 헤매며 어떤 기분일까요?"

아주 놀라운 질문도 있다.

"왜 화살이 9개지요?"

"뿔이 있는 걸 보면 수사슴인데, 자신을 수사슴으로 표현한 이유는?"

"오른쪽 뒷다리를 유독 가늘게 그린 까닭은?"

"상처를 입고 많이 고통스러울 텐데 얼굴을 평화롭게 나타낸 이유는?"

"몇 번째 화살이 가장 아팠나요?"

"어떤 사건이 가장 마음이 아팠나요?"

"이 그림을 그린 이유는 무엇인가요?"

아이들은 생각보다 의미 있는 질문을 많이 만든다. 질문 속에 답이 있다는 말처럼, 아이들이 만드는 질문 속에 우리가 생각할 거리, 찾아야 할 의미가 저절로 드러난다.

이 질문 중에서 '화살을 9개나 맞아서 너무 고통스러울 텐데 왜 표정은 덤덤한가?'에 대한 답은, 상처에 대해서 작가가 이미 성찰하거나 다른 것으로 승화했다는 것인데, 아이들은 질문과 답을 생각하며 직관적으로 알고 있음을 나타낸다.

수업 활동 _ 뜨거운 의자 기법으로 프리다 칼로의 세계 이해하기

그림에 대한 아이들의 질문, 프리다 칼로에 대한 개인적인 질문을 만들고 그에 대해 답변하는 과정에서 '뜨거운 의자hot seating' 기법을 활용해 본다. 프리다 칼로를 초대한다고 하고, 그녀 대신 질문에 답변할 아이를 뽑는다.

"이름이 무엇인가요?"라고 물을 때 아이들 대부분 자신의 진짜 이름을 댄다. 이 순간 '프리다 칼로'라고 대답하는 아이가 있다. 상대방이 원하는 것을 잘 파악하는 이런 학생들을 인터뷰 대상으로 하면 인물에 몰입하여 친구들의 질문에 대답을 잘한다. 때로는 똑똑한 아이임에도 친구들의 웃음을 끌어내고자 장난스럽게 대답하는 아이도 있다. 그럴 때는 과감하게 교체해야 한다. 뜨거운 의자 기법을 활용할 때, 이렇게 고통스러운 삶을 산 인물을 대상으로 할 때는 신중해야 하며 겸손하게 공감하는 아이의 태도가 이 활동에 큰 영향을 주기 때문이다.

뜨거운 의자 기법은 전체로 할 수도 있고, 모둠별로 할 수도 있다. 전체로 뽑을 때는 교사가 인터뷰를 통제하거나 관리할 수 있다. 하지만 시간 제약으로 모든 아이가 발언을 못 할 수도 있다. 그래서 모둠별로 하는데, 네 명이 한 모둠인 경우, 한 명을 프리다 칼로로 뽑고 나머지가 돌아가면서 질문하면 된다. 모둠별로 하면 프리다 칼로가 6~7명이 되기에 그녀의 마음을 깊이 있게 이해하는 아이가 늘어난다는 이점이 있다. 그러나 모둠별 편차가 있고, 지켜보는 누군가가 없기에 장난으로 하거나 쉽게 몰입을 못 할 수도 있다. 학급의 배움에 대한 태도, 진지함의 정도에 따라 전체로 할지, 모둠별로 할지 형태를 결정한다.

가끔 프리다 칼로 역할을 맡은 학생이 대답을 못 하면 교사가 옆에서 코치할 수도 있고, "혹시, 대신 말해 줄 사람이 있나요?" 하고 답변을 다른 아이들을 통해 들을 수 있다.

뜨거운 의자 수업 장면

동영상을 보고 만든 질문을 토대로 인터뷰하는 과정에서 아이들은 프리다 칼로의 마음, 그녀의 작품과 삶에 대한 열정을 고스란히 느끼게 된다.

우리의 상처 살펴보기

"프리다 칼로를 한마디로 표현하면, '상처'가 아닌가 싶어요. 여러분도 다양한 상처를 받은 적이 있을 것으로 생각합니다. 작은 언어폭력, 부모님이나 선생님, 친구들에게 받은 자존심 상하는 말…… 여러분은 어떤 상처가 있나요?"

프리다 칼로 인터뷰에 열중하면 아이들은 이런 질문에 생각보다 금방 반응하지 못한다. 자신의 불편한 감정 등을 유발했던 사건들을 잘 떠올리지 못하는 것, 내 경험이 과연 상처에 해당하는지 몰라 혼란스럽기 때문이다. 이때 가장 좋은 것은 참고 샘플을 보여 주는 것이다.

상처가 무엇인지, 어떻게 써야 하는지 난감해하는 아이들에게 긴 설명보다는 또래가 쓴 자료가 이해하는 데 매우 큰 도움을 준다.

당신을 용서한다는 부분에서 아이들에게 용서의 진정한 의미를 설명해 줄 필요가 있다. 용서는 나를 가해한 그 사람을 위해서가 아니다. 상처를 받아 고통을 느끼는 것도 억울한데, 그 괴로움의 감정에서 헤어나지 못해 우울하고 불안하게 사는 내가 너무 억울하지 않은가? 따라서 상처에 대한 고통을 충분히 느끼고 그 고통스러운 마음, 그때의 괴로움의 감정을 떠나보낸다는 의미다. 내 마음의 설거지를 몇 번씩 해서 그 감정의 찌꺼기를 씻어 낸다는 것으로 아이들은 생각보다 이 의미를 잘 이해한다.

하지만 가끔 "선생님, 저는 용서하지 못하겠는데요!" 하면서 어쩔 줄 몰라 하는 아이가 있다. 교사인 나를 당황하게 하려는 것이 아니다. 진정으로 용서를 못 하겠다는, 슬프거나 원망에 찬 눈길로 나를 쏘아보는 아이들이 있다. 그럴 때는 작은 목소리로 이렇게 대답한다. "그래, 아직 용서할 준비가 안 되어 있구나. 억지로 할 필요 없어. 그리고 너를 위한 용서지 상처 준 그 사람을 위해서 하는 용서가 아니야. 용서 못 하겠다고 써도 돼."

생각보다 말로 인한 상처가 많음을 느끼게 된다. 언어 등을 통한 정서적 학대자의 약 80%가 부모그중에 엄마가 단연 으뜸이다라고 한다. 가장 가깝고 밀접한 관계에서 사랑과 고통이 함께 진행되니, 우리는 어쩌면 처음부터 비극의 씨앗을 갖고 세상에 오는 것 같다. 그 씨앗을 어떻게 긍정적인 것으로 피우느냐는 아이들의 내면의 힘에 달려 있다.

가끔은 상처가 생각 안 난다며 계속 고민하는 아이도 있다. 이럴 때는 좀 더 생각해 보라고 한다. 그래도 생각이 안 난다고 하면, "친구들과 같이 지내면서 친구와 싸우고 나서 제대로 사과를 못 받거나 사이가 틀어지는 것, 엄마가 동생만 챙기는 것……." 등의 예를 들어 준다. 그런데도 끝까지 생각 안 난다는 아이가 있다.

활동3. 우리의 상처 살펴보기

1. **제목:**

당신은 나에게 상처를 주었어요.

당신이 (나에게 대해서 뒷담을 깔 ~~라고 할~~ 때

나의 마음은 (화살!! 같이 박힌 것 같았어요).

그 상처는 마치 (불덩이가 내 온 몸에 붙는 것) 같아요.

왜 당신은 (내 뒷담을 깠나요)?

2.

하지만 이제 당신을 (지워버릴)~~할~~ 거예요.

왜냐하면(내가 당신을 기억하면 힘들어지기)

때문이지요.

이것은 당신을 위해서가 아닙니다. 나를 위해서입니다.

활동3. 우리의 상처 살펴보기

1. **제목:** 두려운 당신

당신은 나에게 상처를 주었어요.

당신이 (나에게 "넌 나한테 피절대 안돼ㅋㅋ")라고 할 때

나의 마음은 (종이처럼 찢어져버렸어요.).

그 상처는 마치 (나의 천적.) 같아요.

왜 당신은 (그런 말을 했죠.)?

2.

하지만 이제 당신을 (무시)할 거예요.

왜냐하면(내가 다신 상처를 안 받게 하기)

때문이지요.

이것은 당신을 위해서가 아닙니다. 나를 위해서입니다.

우리의 상처 살펴보기 활동 예시

"그래? 아직 마음이 준비가 안 되었네. 그래, 그럼 그만두지." 하고 멈추거나 "그래? 혹시 그럼 너는 어떤 상처를 입을까 봐 걱정되니?" 하고 가능성이 있는 상처를 생각해 보도록 질문한다. 아이들 마음의 크기는 다르기 때문에 이로 인해 아이들에게 또 다른 상처를 줄 필요는 없기 때문이다.

서로 위로하기

나의 글에 사람들이 공감한다는 것, 그것만으로도 많은 위안이 된다. 하물며 같은 또래가 이해해 주는 것은 더욱더 그러하다. 이 활동을 위해 아이들의 공책을 젖혀 이름을 보지 못하도록 이름 쓴 부분을 집게로 집는다.

"이름이 살짝 보일 수도 있어요. 하지만 억지로 보려고 하지 말고요. 지금 내 앞에 있는 친구의 상처 글을 읽고 최선을 다해서 위로의 글을 써 주세요."

아이들은 다른 때에 비해 진지하게 친구들의 글을 읽는다. 곧 조용하게 위로의 글을 쓰기 시작한다.

"설마, 이렇게 쓰는 사람은 없겠지요? '그런 일은 누구나 겪어. 너뿐만이 아니야. 그러니까 잊어! 나도 그런 일 겪었어. 별거 아니야. 그냥 잊어.'라고 말이지요."

길게 설명하지 않아도 아이들은 이 말이 공감을 못 하고 오히려 상처를 줄 수 있는 조언임을 이해한다. 작게 웃거나 어이없이 나를 쳐다보며 미소 짓는 아이들이 있으니 말이다. 선뜻 쓰지 못하는 아이들이 눈에 들어오면 예시를 들어 준다.

"'친구야, 네가 겪은 일을 읽어 보니, 정말 속상할 것 같아. 나라도 쉽게 용서가 안 될 것 같아' 이렇게 시작하면 되겠지요?"

자기 활동지를 글로 채울 때는 장난치듯 쓰던 아이들도 친구에게 위로의 말을 쓸 때는 최선을 다해서 쓰려고 노력하는 모습을 보면 흐뭇해진다. 사람은 기회가 된다면 이렇게 타인의 아픔과 고통에 공감하는 선한 마음을 가지고 있다. 그 마음이 비웃음을 받거나 나약하다고 경멸을 받을 때 이런 인간적인 마음은 점차 옅어질 수밖에 없고, 그 빈자리에 부정적인 감정들이 자리 잡게 된다. 마음속 괴물을 키워 내는 것은 어쩌면 우리 어른의 잘못일 가능성이 크다.

위로의 글을 쓰는 활동은 아이들의 '마음 읽기' 능력을 키워 주기 위함이다. 같은 시대를 또래로 사는 동료로서 많은 부분을 공감할 것이다. 친구의 사연을 읽으며 그 친구를 위로하거나 돕고 싶은 마음이 일어날 것이다. 그러나 이 과정에서 얻게 되는 또 다른 수확은, 나와 비슷한 일을 겪고 힘들어하는 친구의 글을 통해 나만 그러했던 것이 아니었음에 남모를 안심과 위안을 받을 수도 있을 것이다. 가끔 우리는 타인의 상처를 들으며 나는 그 사연보다 덜 하다는 것을 느끼며 안심하고 위로받는 묘한 경우가 있지 않은가?

활동3. 우리의 상처 살펴보기

1. 제목: 나의 고통은 너의 행복

당신은 나에게 상처를 주었어요.

당신이 (나보고 "재 인생 개쓰레기")라고 할 때

나의 마음은 (슬프고 다시 태어나고 싶었어요).

그 상처는 마치 (병에 걸려서 죽기 전 고통) 같아요.

왜 당신은 (나보고 그런 말을 했나요)?

2.

하지만 이제 당신을 (용서)할 거예요.

왜냐하면( )

때문이지요.

이것은 당신을 위해서가 아닙니다. 나를 위해서입니다.

3. 위로의 편지쓰기

상처입은 친구에게

안녕? 상처입은 친구야. 너의 글을 보니 네가 많이 힘들고 있다는 것을
알게됐어. 나도 친구와 싸웠을 때 그런 말을 들었는데 지금 너의 마음이
많이 속상하고 화가 날 것 같아. 그리고 지금 너가 죽기 전
고통이라 했는데 난 그것을 보고 내가 더 화가 치밀어 올라왔어
그런데 넌 이세상에 필요 없는 존재가 아니고, 넌 뭐든 할 수
있을 거야. 이제 그 말을 무시하고 잘 했으면 좋겠어..
그럼 힘내!

우리의 상처 살펴보기 활동 예시

활동3. 우리의 상처 살펴보기

1. 제목: 엄마

당신은 나에게 상처를 주었어요.

당신이 (내가 공부를 못해서 학원을 보냈는데 왜 힘들어하냐고)라고 할 때

나의 마음은 (엄마에 대한 믿음감이 산산조각 났어요).

그 상처는 마치 (믿음의 큰하트가 부서지는것) 같아요.

왜 당신은 (나보고 그런말을했나요)?

2.

하지만 이제 당신을 (용서)할 거예요.

왜냐하면(당신은 나에게 다시 "힘내라" 라고 해줬기)

때문이지요.

이것은 당신을 위해서가 아닙니다. 나를 위해서입니다.

3. 위로의 편지쓰기

상처입은 친구에게 엄마가 공부를 못한다고 했을 때 많이 속상했겠니다.

그리고 학원에서 공부하는 내용이 많이 어렵거나 학원에서의 친구관계가 안좋은 등등의 이유가 있으면 힘들 수도 있는데. 하지만 나중에 힘내라고 했으니까 그 말로 자신에게 위로를하면좋을것같아요.

우리의 상처 살펴보기 활동 예시

6차시

친절해지는 방법을 알려 주세요

친절이란 무엇일까?

5학년이 되면, 친구 관계에서 본격적으로 무리가 형성되며 관계적 공격, 따돌림이 시작된다. 특히 SNS를 통한 언어폭력은 무리 짓고 따돌리며 뜬소문으로 상대를 고립시키는 괴롭힘을 더욱 확산시킨다. 24시간 내내, 그리고 정교하게 작동하는 이 세계에 교사가 개입하는 것은 참 어려운 일이다. 5학년이 되면 이 주제를 다루어 괴롭힘을 예방하는 것이 학교 내 평화교육의 기본이 될 것이다.

이 수업을 할 때 학생들에게 "어떤 친구가 가장 좋은가?" 묻는다. 아이들은 착한 친구, 나와 맞는 친구, 먹을 것을 잘 사 주는 친구, 유머 있는 친구 등 다양하게 이야기를 한다. 그러다가 몇 명의 아이들이 '친절한 친구'가 좋다고 말한다.

"여러분이 말한 '좋은 친구' 중 세 명이 이 덕목을 이야기했어요. 맞혀 보세요."

친절이라는 버츄 카드의 설명을 읽어 주면 아이들은 쉽게 '친절'을 알아낸다.

미덕의 보석들

감사	배려	유연성	창의성
결의	봉사	이상품기	책임감
겸손	사랑	이해	청결
관용	사려	인내	초연
근면	상냥함	인정	충직
기뻐함	소신	자율	친절
기지	신뢰	절도	탁월함
끈기	신용	정돈	평온함
너그러움	열정	정의로움	한결같음
도움	예의	정직	헌신
명예	용기	존중	협동
목적의식	용서	중용	화합
믿음직함	우의	진실함	확신

"맞아요. 여러분 말대로 친절에 대해서 알아볼 텐데, 어떤 것을 배우면 좋을까요?"

"음…… 진짜 친절이 무엇인지 알고 싶어요."

"친절한 행동이 무엇인지요."

"친절을 어떻게 실천할지에 대해서요."

"친절의 방법이요."

아이들이 쏟아내듯 말하는 것을 듣고 학습 문제에 요약해서 쓴다.

"그럼, '진짜 친절이 무엇이고, 그 행동은 언제 어디서 어떻게 해야 하는가?'로 줄이면 될까요?"

아이들과 가끔 이렇게 함께 학습 문제를 정하면 이 순간 아이들이 수업의 주인이 되는 느낌을 받으며 희열을 느낄 때가 있다. 특히 형식적으로 학습 문제를 제시하면서 느끼는 무기력한 분위기를 생동감 있게 만들고, 교사가 아닌 학생들의 학습 문제로 받아들이도록 하는 전략은 교사들에게 늘 고민이다. 그 해결 방법이 이렇게 아이들이 배우고 싶은 것이거나 아니면 배울 것이라고 예상하는 생각들을 모아서 요약하고, 담아 주는 것만으로도 아이들은 수업의 방관자에서 참여자로 바뀔 수 있을 것이다. 아이들의 생각 낱알을 잘 명료화해 주고 돌려주는 것이 아이들 배움의 첫발이 된다.

《친절한 행동》 표지 읽기

"재클린 우드슨의 《친절한 행동》E. B. 루이스 그림, 김선희 옮김, 나무상자, 2016이라는 책을 준비했는데, 표지를 먼저 볼까요?"

책을 소개하며 읽기 전 활동으로 책 표지를 보면서 충분히 이야기하는 것은 소중하다. 이 시간은 작품의 이야기가 어떻게

전개될 것인지 아이들이 상상하는 순간이고 단서를 통해서 예상해 보는 활동을 하여 사고력 확장이 이루어지는 기회기 때문이다. 아울러 표지는 책의 전체 분위기를 전달하며 작가의 이야기를 듣는 몰입의 전초 단계기도 하다.

교사로서 준비가 좀 어렵기는 하지만 빅북big book을 준비하면 효과가 있다. 미처 준비하지 못하는 경우에는 책을 고성능 실물 화상기에 비춰 읽어 줘도 무방하다. 사실 교사가 책을 들고 앉고 아이들이 교사의 발치에 옹기종기 앉아서 듣는 것이 가장 이상적이다. 책 원본을 그대로 보여 주어야 책의 색감까지도 아이들에게 그대로 전달할 수 있기 때문이다.

하지만 작은 책을 30여 명의 아이와 함께 보는 일이 쉬운 것

빅북으로 읽어 주기

은 아니다. 서로 보겠다고 티격태격하거나 잘 안 보이는 쪽에 앉은 아이들은 슬슬 장난하기도 한다. 따라서 아이들에게 어떻게 읽어 줄지는 교사의 판단에 달려 있다. 1학년이건 6학년이건 대부분의 아이는 책을 읽어 주는 것을 좋아한다. 다소 소란스럽고 산만한 학급의 아이들도 책을 읽어 주는 순간은 찬물을 끼얹듯 조용해지는 경우를 종종 경험한다. 인간은 상상의 힘이 있기에 이야기를 좋아하고, 이 이야기를 누군가 읽어 주는 것도 좋아하는 듯하다.

표지를 보며 아이들에게 발견한 것이나 궁금한 점을 자유롭게 이야기하도록 한다. 많은 시간 활동해도 된다면 천천히 여러 가지 상상을 하도록 유도할 수 있다. 하지만 온 작품 읽기가 아닌 인성교육 시간이라는 조건이 있다면 이른 시간에 작품의 분위기를 파악하도록 하는 것이 낫고, 그러기 위해서는 교사의 발문이 중요하다.

"여기 나와 있는 이 학생이 주인공입니다. 이 주인공은 지금 어떤 감정 상태일까요?"

아이들은 고개를 숙이고 있는 그림 속 주인공을 보고 "외로워요", "우울해요", "슬퍼요" 하며 자유롭게 말한다.

"외롭고, 슬프고, 우울하고……. 무슨 일이 있었을까요?"

"아마, 숲속에 혼자 있는 것을 보니 친구들에게 따돌림당했나 봐요."

"왕따를 당했다고 생각하는군요. 그럼, 이 주인공이 슬프다거나 그런 것을 어떻게 알았어요?"

"고개를 숙이고 있잖아요."

"손을 만지작거리고 있어요."

"오호, 좋아요. 그런데 이 표지를 가만히 보면 더 중요한 단서가 있어요. 배경을 좀 더 자세히 보세요."

아이들은 눈을 동그마니 뜨고 발견하려고 애를 쓴다.

"숲 뒤쪽이 좀 어두운데……, 앞에 나뭇잎들은 또 화려하고."

"아래가 물이네요. 그리고 주인공이 비치고 있고……."

"오, 그래요? 물에 비친다는 게 무슨 뜻일까요?"

"겉과 달리 내면을 비춘다는 것, 속마음을 비춘다는 것…… 자신을 들여다본다는 것."

"그래, 자신을 들여다본다는 것을 뭐라고 하지요?"

아이들은 단어를 생각해 내려고 애를 쓴다.

"아, 반성!"

드디어 답을 맞힌다. '성찰'이라는 또 다른 말도 일러 준다.

"그럼, 주인공이 왕따가 아니고 왕따를 시킨 사람인가 보다."

눈치가 빠른 아이들은 이런 것까지 생각해 낸다. 물가에 서 있는 주인공을 보고 자신의 내면을 비추고 있다고 말할 줄은 상상도 못 했다. 아이들을 믿고 이끌어 가면 이렇게 교사가 원하는 답 이상을 말하는 때가 온다. 이것이 가르치는 맛이리라.

표지에 대해 한참 이야기하고 본격적으로 책을 읽어 준다. 구연동화 식으로 맛깔나게 읽어 주지는 못하더라도 최선을 다해서 차분하지만 생생하게 읽어 주려 노력한다. 책의 작품성을 파악하고 책 자체의 맛을 느끼고자 하는 문학 시간이거나 줄거리를 파악해야 하는 복잡한 글 읽기가 아니라면, 즉 목적을 가지고 읽는 것이라면 읽기 전에 아이들에게 미리 과제를 알려 주는 것이 좋다. 이 활동에서는 주인공인 클로이와 마야에게 할 질문을 생각하며 글을 듣도록 한다. 목적이 있으면 보다 덜 지루해하고 더 집중할 수 있다.

수업 활동 _ 뜨거운 의자 기법으로 질문하기

준비된 활동지를 참고해서 아이들은 주인공의 이름을 알아내고, 질문을 생각해서 적어 보라는 주문을 받으며 동화를 듣는다. 아이들이 함께하고 있는지, 중간에 잠깐 멈추어 그림에 대해 질문도 하며 분위기를 점검한다. 친절하게 대하지 못해 후회하는 클로이와 친구들의 불친절 속에 또다시 전학을 가게 된 마야의 사연을 들으며 아이들은 열심히 질문을 적는다.

대부분의 동화가 해피엔딩으로 끝나니 그럴 거라 예상하며 듣던 아이들은, 결국 마야는 전학을 가고따돌림 때문인지 아닌지는 애매하다 클로이는 마야를 기다리다가 물가에서 반성하면서 서 있는 장면으로 끝나자 한동안 아무 반응 없이 멍하다. 그러다가 한 명이 말한다.

"이게 뭐야, 그럼 마야는 그냥 떠난 거야?"

"해피엔딩이 아니잖아!"

그렇게 여운이 남아서인지 아이들은 더 진지하게 질문을 마

클로이와의 대화 사진, 마야와의 대화 사진

무리한다.

인터뷰 활동을 위해 마야와 클로이를 뽑는다. “이름이 뭐니?” 하고 물었을 때 자신의 이름이 아닌 주인공의 이름을 말하는 학생들을 뽑으면 된다. 장난스럽게 할 것 같은 학생보다는 마음 읽기가 잘 되며 순발력 있는 학생을 뽑아야 수업 흐름이 원활하다. 아울러 아이들 사이에서 깊이 있는 질문을 기대해 볼 수도 있다.

클로이 역할을 맡은 학생이 나와서 아이들의 질문에 클로이가 되어 대답한다. 클로이는 사실 요즘 아이들이다. 교실에서 따돌려질까 봐 두려워서 새로 전학 온 가난한 아이와 친구가 되는 것을 주저하고 그 아이가 다가와도 밀어내고, 더 나아가서는 그 아이를 괴롭히는 분위기가 있으면 동조한다. 그러지 않으면 나도 왕따를 당할 수 있으니까 말이다.

학급에 따라 수준 차이는 있지만, 클로이를 친절하게 행동하지 않았다고 비난하기보다는 왜 불친절하게 행동했는지에 대해 공감하고 끌어낸다. 왜 미소 짓는 마야에게 쌀쌀맞게 대했는지, 아이들 앞에서 왜 친구가 아니라고 소리쳤는지, 친절에 대해서 일깨워 주는 선생님의 설명을 듣고 왜 아무 말도 못 하고 서 있었는지, 물가에서 무슨 생각을 했는지, 더 나아가 마야가 다시 돌아온다면 어떻게 할 것인지 등등 아이들은 좋은 질문들을 쏟아낸다. 아이들 사이에서 핵심 질문이 다루어지지 않으면, 교사가 발언권을 얻어 질문하면서 학생들이 생각해 보았으면 하는 것을 제시할 수도 있다.

마야 역할의 학생 또한 다양한 질문을 받는다. 클로이가 웃어 주지 않았을 때 어떠했는가, 전학을 간 이유는 무엇인가, 아이들이 뒤에서 수군댈 때 기분이 어떠했는가 등 다양하다. 교사로서 하고 싶은 핵심 질문은 '클로이와 친구들이 놀아 주지 않았을 때 고개 숙인 채 줄넘기를 하면서 운동장을 계속 돈 이유는 무엇인가'로 마야의 심정을 극대화한 지점에 머물도록 할 수도 있다.

친절해지기 위해 꼭 필요한 것, 용기

질문하면서 두 등장인물의 심정을 파악했으니, 이제는 서서히 나의 일로 가져온다. 마야와 같은 친구가 우리 학급에 전학 왔을 때 어떻게 할 것인지, '마야가 전학 온 그날 그 교실의 나라면 어떻게 할 것인지' 아이들과 함께 이야기를 나눈다. 교사의 의도를 파악하고 마야에게 친절하게 대하고 친구가 되어 주겠다고 하는 아이가 많다. 하지만 솔직한 아이도 있다.

"마야와 같은 친구는 허름하고 가난한데, 같이 지내다 보면 친구들에게 따돌려지는 것이 두려워요. 그래서 나서서 도와주거나 친구로 지낼 수는 없을 것 같아요."

참 솔직한 의견이다.

"하지만 괴롭히지는 않을 거예요."

"앞에 나설 수는 없지만 아이들 몰래 같이 놀고 도와줄 거예요."

용기는 없으나 마음이 여리고 착한 아이들의 반응이다.

그런데 가끔 수업하다 보면 매우 도발적으로 대답하는 아이도 있다.

"저는, 다른 아이들처럼 따돌릴 거예요. 가난하고 안 친하니까요."

이런 말에 교사는 어떤 반응을 해야 할까? 교사에 대한 도전으로 한동안 괘씸할 수도 있고 보이지 않는 반항 및 힘겨루기인지 걱정스러울 수도 있다. 이럴 땐 교사도 아이의 진정한 마음을 탐색해야 하며 그러기 위해 마음의 여유를 가질 시간이 필요하다.

"그래? 이유가 있을까?"

"저도 따돌려지기 싫으니까요. 거지 같잖아요."

이 순간 아이를 설득하려고 해서는 안 된다. 우선 그 마음을 수용해 주고, 깊이 자리 잡은 원인을 탐색하면서 진정 바라는 것이 무엇인지 이해하려고 노력해야 한다. 다행인 것은 교사인 나 대신에 정의로운 아이들이 나서 준다는 것이다.

"야, 네가 그 상황이 되어 봐. 어떻겠니?" 하고 공격적으로 나무라는 아이도 있다. 자칫 비난의 말이 쏟아질 수 있기에 전체적으로 이야기를 나눈다.

"이 친구에게 해 줄 말이 있는 사람? 다만, 상냥하게 의견을 말해 주세요."

도발적이지만 솔직하게 말한 학생에게 질문이나 할 말을 하라고 하는 것은 한두 번이면 족하다. 더 말을 듣도록 하면 자존심이 상해서 옳지 않은 것을 계속 지키려고 애쓰는 것이 인간의 심리니까 말이다.

"친구들 말을 들으니 어떠니?"

"그래도 저는 따돌릴 거예요."

당황스러움에 한동안 침묵을 하다가 묻는다.

"그래? 그럼 네가 만약 따돌림을 당한다면?"

아이도 한동안 침묵을 하다가 말한다.

"나와 같은 처지에 있는 아이와 연합해야지요."

"그렇다면, 왜 연합하지?"

"음, 상처받는 것이 싫으니까요."

"그렇구나. 따돌려질 때 살아남기 위해서 비슷한 처지의 친구와 함께 친해지고 연합한다는 것, 그만큼 따돌림이 싫다는 거네?"

"예."

"그렇게 아픈 것을 알면서 따돌리겠다는 것인가?"

"……저도 따돌려지기 싫으니까요."

"그렇다면 우리 학급 분위기가 그럴 필요가 없다면 따돌리지 않겠다는 건가?"

"예, 그렇지요."

"그래, 네 마음속에는 따돌리는 것이 나쁜 행동임을 알고 있고 그것이 아프다는 것도 알고 있네. 그리고 분위기가 좋다면 얼마든지 친절하게 대할 수 있다는 뜻이구나."

반항하듯 따돌리겠다고 하는 아이의 마음도 실은 그렇지 않음을 대화를 통해 끌어 낼 수 있음에 감사한다. 이 마음을 모르고 비난하거나 윽박지르면 그 아이의 두려움에 분노까지 덧붙여지는 결과를 가져온다. 아이와 등을 돌리게 되는 것이다. 이런 아이들에게 필요한 것은 '정의에 대한 용기'이지만, 아직 준비가 안 된 아이가 있다. 좀 더 기다릴 수밖에 없지만, 함께 이야기를 나누다 보면 정의로운 아이들의 의견을 듣고 배우기도 한다.

"마야가 우리 학급에 있다면, 저는 도와주고 제 친구들과 어울리도록 끼워 줄 거예요."

"마야를 괴롭히는 친구가 있으면 잘 이야기해 보고, 말이 안 통하면 신고할 거예요."

"아이들 모르게 제가 선생님께 말씀드릴 거예요."

두려움으로 따돌림을 선택하는 아이들도 이렇게 말하는 아이들의 의견에 조금씩 물들어 갈 것을 믿는다. 진짜 친절은 '용기'가 필요함을 아이들은 어느덧 깨닫고 있다.

내가 실천할 친절

이제는 남의 이야기가 아닌 나의 이야기로 진행한다. 클로이와 마야라는 먼 미국 땅 이야기에서 우리 학급, 나의 이야기로 끌어 온다.

"우리 반 친구들을 위해 어떤 친절을 베풀 것인지 생각해 봅시다."

아이들의 다짐을 시각화하는 작업은 매우 중요하다. 다짐나무에 다짐을 쓴 나뭇잎을 붙이는 작업, 포스트잇을 활용하는 방법 등 여러 가지가 있지만, 가끔 교사로서 정말 말하고 싶은 메시지를 어떻게 시각화할 것인지 고민하게 된다.

작품 속에서 교사는 친절을 가르치기 위해 물을 떠 왔고, 그 물에 파문이 일어나도록 작은 돌을 던지면서 친절은 퍼져 나가는 것임을 인식시키려고 했다. 참 좋은 시각적 방법이다. 그것을 그대로 따라 해 볼까 생각하다가, 허니컴 보드를 활용하여 친절의 특성을 시각화했다. 아이들이 작은 육각 보드에 친절한 행동의 실천 방법을 써서 칠판에 붙이는데, 의도적으로 무지개 모양으로 칠판에 배치한다.

"선생님이 이렇게 붙였는데, 아름답지? 선생님이 이렇게 붙인 이유가 있는데?"

아이들은 한동안 생각을 하고 다양하게 대답을 한다.

친절은 퍼져 나간다 시각화, 다짐의 시간

"무지개처럼 친절은 아름답다는 것인가요?"

"무지개처럼 친절한 행동은 아주 다양하다는 것인가요?"

이런 대답도 참 멋지다. 굳이 부인하지 않는다. 인정하면서 좀 더 생각해 보도록 한다.

"친절의 특징인데, 뭘까? 작품에도 나왔는데."

"아! 친절은 퍼져 나간다!"

눈을 빛내며 말하는 아이의 등장으로 아이들은 감탄한다.

"맞아요, 친절은 퍼져 나가지요. 여러분이 다짐한 바를 실천하면 그 친절은 마음을 따뜻하게 하고 점점 퍼져 나갑니다. 꼭 실천하는 의미에서 우리가 원으로 서서 한 명씩 다짐을 말해 봅시다."

아이들이 서로 쑥스러운 듯 손을 잡고 둥글게 서면 한 명씩 친절의 실천에 관해서 이야기한다. 정말 마음이 따뜻해지고 뿌듯한 순간이다. 이런 따뜻함과 친절함이 아이들의 마음을 늘 물들이고 있으면 좋겠다.

※ 우리반을 위해서 내가 실천할 '친절한 행동'을 구체적으로 써 봅시다.

1. 친구가 나에게 안좋은 일을 했어도 화를 하지 않겠습니다.

2. 잘 못하는 친구가 있으면 비난하지 않고 도와주겠습니다.

3. 친구에게 양보를 하고 배려하겠습니다.

활동을 하면서 느낀 점	스스로 평가해 봐요
이 활동을 하면서 '진짜 친절'이 무엇인지 알게되었다. 그리고 「친절한 행동」을 읽으면서 친절이 너무 좋으면 안된다는 것을 느꼈다. 또, 조금 뒤떨어진 친구가 있어도 잘 도와주고 그 친구에 장점을 찾아야겠다. 남을 존중하는 태도를 가져야 겠다.	질문) 배움 활동에 적극적으로 참여하였나요? (스스로 평가하여 ○표 하세요) - 매우 그렇다.........(○ - 그렇다...............(- 보통이다............(

활동을 하면서 느낀 점

우리반에 있는 친구 1명에게만 불친절 했는데 마야가 되보니 그 친구에게 미안한 마음이 들었다. 우리 아빠는 날 이 세상에서 가장 특별한 15시에 사람이 되라고 했지만 나도 차별 하지 않고 다 친구 해야 겠다.

활동3. 내가 실천할 친절

※ 우리반을 위해서 내가 실천할 '친절한 행동'을 구체적으로 써 봅시다.

1. 욕을 쓰지 않겠다. (듣기 싫은 말, 언어폭력 비속어를 쓰지 않겠다)

2. 모르는게 있으면 잘 알려 주겠다 (준비물 빌려주기, 착한 행동하기, 남 잘 도와주기)

3. 뒷담아 까지 않기 (친구의 편 하고 왕따 시키지(않기)

활동을 하면서 느낀 점	스스로 평가해 봐요
이 책을 통해서 친구의 배려하는 점과 공감 이해 등을 잘 알게 되었다. 앞으로도 난 이책 처럼 다른 친구들에게 친절한 행동을 해야겠다. 우리는 모두다 평등한 사람이다. 차별하고 다른게 없다.	질문) 배움 활동에 적극적으로 참여하였나요? (스스로 평가하여 ○표 하세요) - 매우 그렇다.........(○) - 그렇다...............( ) - 보통이다............( ) - 아니다...............( ) - 모르겠다............( )

마지막으로 클론이에게 해주고 싶은 말이있다 '클론이야! 모두들 평등하게 살아야할 권리가 있어!!"

21

활동 소감

7차시

사람은 누구나 저마다의 아름다움이 있어요

아름다움에 대하여

아름다움이란 무엇일까? 인간의 욕구 위계 이론을 제시한 에이브러햄 매슬로우Abraham Harold Maslow는, 인간의 욕구를 결핍 욕구와 성장 욕구 두 가지로 나누었다. 이 중에서 성장 욕구는 내적 동기와도 연결이 되는 욕구로 채워질수록 더욱 많이 추구하는 상위의 욕구다. 이것은 지적 욕구, 심미적 욕구, 최종으로 자아실현의 욕구로 이루어진다. 이렇게 본다면 인간이 아름다움을 추구하는 것은 본능이다. 이런 본능을 애써 정의하자면, 아름다움은 '마음에 울림과 감동을 주는 것, 긍정적인 인상을 남기는 것' 정도로 정의할 수 있다. 아름다움은 나라별로도 다르지만 시대별로도 다르다. 22,000년 전에 만들어진 것으로 추정되는 〈빌렌도르프의 비너스〉를 보면서 이 모습이 왜 아름답다는 것인지 충격받은 적이 있다. 곰곰이 생각해 보면 그 시대 사람들이 절실하게 요구하는 것을 충족시키는 무엇인가가 아름다움의 대상이

빌렌도르프의 비너스

될 수 있겠구나 싶었다.

아름다움에 대한 상대성은 동시대를 살아가는 사람들 사이에서 나타난다. 아이들 사이에서 교복을 줄여 입는 것이 유행할 때가 있었다. 지금이야 제작 회사에서 아예 꼭 끼게 나오지만, 예전에는 규정을 깨고 학생주임지금은 생활인권부장 선생님의 핀잔을 들으면서도 넉넉한 교복을 줄여 입느라 바빴다. 그때 길거리에 지나다니는 학생들을 보면서, 여학생들은 마치 펭귄이 걸어 다니는 것 같고, 남학생들을 보면 메뚜기가 연상되어 좀 이상해 보였다. 아이들 사이에서는 길고 크게 입는 것이 모양 빠지고 안 예쁜 것이지만, 어른 입장에서 보면 왜 저러는지 답답할 정도로 아름답지 않아 보였다.

아름다움에 관해서 설명을 하면서 '미美'가 양 양羊과 큰 대大의 회의 문자임을 아이들에게 설명한다. 결국 평범한 무리에서 크고 살진 양 또는 크고 우아한 뿔을 가진 양을 아름답다고 하는 것처럼 사람도 그러하겠다 싶다.

수업 활동 _ 아름다움이란 무엇일까?

아름다움에 대해서 개념 정의를 하고, 추상적인 용어이니만큼 구체화하기 위해서 각자 아름답다고 생각하는 것을 발표하도록 한다. 노을, 하늘, 무지개 등 자연에서 볼 수 있는 것을 발표하기도 하고, 자신이 좋아하는 가수 등 사람을 말하기도 하며, 보석 등 비싼 것들을 말하기도 한다. 좀 눈치 있는 아이들은 봉사하는 마음, 따뜻한 마음, 희생하는 마음 등도 말한다. 발표할 때는 릴레이 발표로 말하기에 빠르게 들을 수 있다. 4학년 도덕 시간에 이미 배웠기에 아이들은 쉽게 이야기한다. 아름다움의 종류에 대해서 구체적으로 배우지 않았다면, 아이들이 말한 아름다움을 허니 컴 보드에 쓰게 한 후, 아이들과 함께 분류한다. 외면적, 내면적, 도덕적 아름다움으로 말이다.

"외면적 아름다움은 겉으로 멋지게 보이는 것도 있지만, 건강하고 단정한 것도 속합니다. 내면적 아름다움은 실력을 뜻하는데, 운동선수가 지닌 실력, 학자들의 지성, 예술가들의 재능이 여기에 해당하지요. 여러분이 말하는 착한 마음, 따뜻한 마음 등은 도덕적 아름다움에 속하고요."

이렇게 간단히 정리해 준다. 하지만 더 쉽게 설명하는 방법은 구체적인 사례를 드는 것이다. 최근 아이들 사이에서 가장 인기 있는 아이돌 그룹이 있다. 세계적인 인기를 가진 그들에 관해서 이야기하면 팬인 아이들이 마치 자신들이 칭찬을 받는 것처럼 자랑스러워하는 모습을 본다.

"그 그룹의 가수들은 우선 멋지게 생겼고, 건강하며 옷도 멋지게 입지요. 외면적 아름다움이 있습니다. 하지만 외면적 아름다움을 그 정도로 가지고 있는 사람들은 꽤 있겠지요? 세계적인 음악 그룹이 된 것은 노래와 춤 실력이겠지요. 이것이 가수로서의 실력인 내면적 아름다움입니다. 그러나 이 그룹과 비슷한 실력을 갖춘 가수들이 세계적으로 있겠지요. 이들이 더 빛나는 것은 기부한다거나 가사의 메시지가 긍정적인 영향을 미친다거나 하는 도덕적 아름다움이 있기에 그렇겠지요."

아울러 최근 불법을 저지르고 한 번에 나락으로 떨어진 연예인들을 예로 들면서 도덕적 아름다움이 얼마나 중요한지 아이들을 일깨울 수도 있다.

나와 친구의 아름다움 찾아보기

"여러분도 많은 아름다움을 가지고 있지요?"

나의 말에 아이들은 서로를 돌아보며 쑥스러운 듯 웃는다.

"이번 시간에는 특히 나와 친구들의 아름다움을 발견하고 전하는 시간으로 하겠습니다."

일종의 칭찬 샤워 활동인데, 아이들에게 설명한다. 한 모둠을 지정하여 구체적인 예를 들어서 설명해야 헷갈리지 않는다.

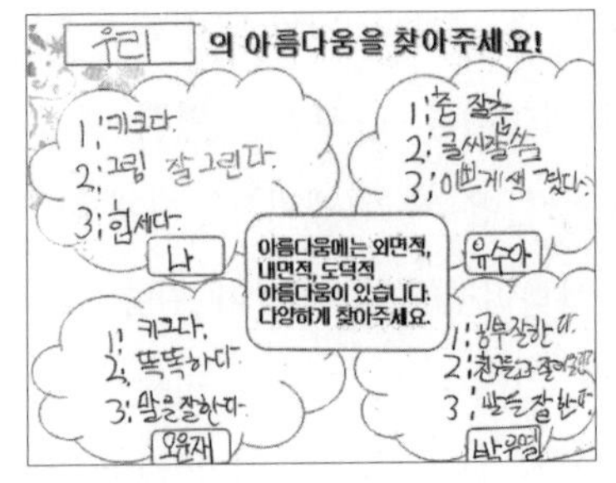

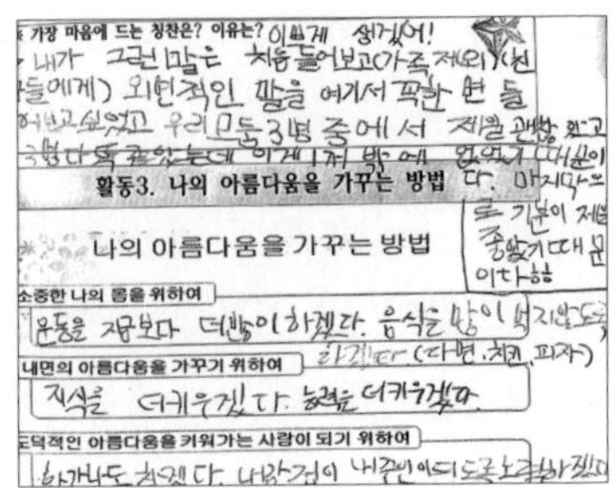

활동지 예시

〈방법1〉 친구들의 공책에 칭찬 써주기

"활동1에 □가 네 개 있지요? 첫 칸에는 내 이름, 나머지 세 개의 칸에는 우리 모둠 친구들의 이름을 쓰세요."

"그리고 내 공책을 모둠 오른쪽 친구에게 돌립니다. 내 앞에 온 공책에서 내 이름이 쓰인 칸에다 그 공책의 주인인 친구에 대한 칭찬을 3~4개 씁니다. 다 쓰면 모둠이 다시 오른쪽으로 공책을 돌리고, 받은 공책의 주인을 확인하고 그 주인에 대한 칭찬을 내 이름이 쓰인 칸에 쓰면 됩니다. 맨 마지막에 내 이름 칸에는 자신이 생각하는 내 아름다움을 쓰면 됩니다."

〈방법2〉 내 공책에 친구들의 칭찬 쓰기

아이들이 헷갈리면 더 간단하게 쓰는 방법이 있다.

"활동1에 □가 네 개 있지요? 첫 칸에는 내 이름, 나머지 세 개의 칸에는 우리 모둠 친구들의 이름을 쓰세요."

"이름을 쓴 칸마다, 그 친구에 대한 칭찬을 씁니다. 내 이름이 쓰인 칸에는 내 아름다움을 쓰면 되겠지요?"

아이들이 칭찬을 쓴 후 본격적으로 '칭찬 샤워' 활동을 한다. 모둠별로 공을 주고, 1, 2, 3, 4 번호를 붙여 준다. 먼저 1번 아이가 칭찬을 받을 준비를 한다. 1번은 친구들이 칭찬할 때 아무 반응을 하지 않고 마음에 드는 칭찬을 활동2에 쓰면 된다. 1번에 대해서 2번이 공을 잡고 칭찬 하나를 말한다. 3번이 공을 넘겨받고 1번의 칭찬을 말한다. 그리고 공을 넘겨받은 4번이 1번의 칭찬을 한다. 다시 2번이 1번의 두 번째 칭찬, 3번이 1번의 두 번째 칭찬…… 이렇게 해서 1번은 총 아홉 번의 칭찬을 받는다. 1번에 대한 칭찬이 끝나면 이제 2번이 칭찬받을 준비를 하고, 1, 3, 4번 친구들이 돌아가면서 세 번씩 칭찬한다. 칭찬과 아름다움은 같은 뜻으로 보면 된다. 친구의 칭찬거리를 찾는 것은 그 아이가 가진 강점 즉, 아름다움을 찾는 것이기 때문이다.

칭찬을 어려워하는 아이도 있다. 그만큼 살면서 타인의 좋은 점을 발견하고 그것을 표현한 경험이 거의 없어서 그럴 것이다. 부정적인 것, 흠은 크게 느끼고 바로 표현하는데, 긍정적이고 멋진 것은 잘 표현하지 못하는 게 안타깝다. 그래도 요즘 세대는 익숙해 보이는데, 연령이 높을수록 더 어려워하는 것 같기도 하다.

시간이 된다면 가장 마음에 드는 칭찬을 물어보는 것도 의미가 있다. 마음에 드는 칭찬이 곧 그 사람의 바람일 수도 있기 때문이다.

예전에 상담 연수를 받으면서 칭찬 샤워 활동을 한 적이 있다. 같은 모둠에 속하는 40대 중반의 선생님이 계셨다. 그분이 받은 여러 칭찬 중에 가장 마음에 드는 칭찬을 발표하라고 하니 '책임감 있으시다'는 칭찬이었다고 했다. 가장 평범한 칭찬에 마음이 끌린 이유가 궁금했다. '어릴 때 아버지가 늘 무책임한 녀석이라는 꾸중을 많이 하셨다. 지금도 다른 비난보다 그 비난이 가장 마음이 아프다. 그런데 책임감 있다는 칭찬을 들으니 그때 억울함이 많이 사라지는 것 같다.'고 했다. 이 활동에서도 마찬가지로 아이들이 가장 마음에 들어 하는 칭찬을 듣다 보면 그 아이 마음에 무엇이 결핍need되어 있는지 알 수 있다.

우리는 각자 인생을 살면서 다양한 결핍이 생기고 그 굶주림을 채우려고 다양한 행동을 한다. 그 결핍을 누군가가 진심의 칭찬으로 채워 주면, 우리는 심리적인 포만감을 느낄 수 있을 것이다.

나의 아름다움을 키우는 방법

학교에 와서 공부하는 것은 어쩌면 나라는 한 사람의 외면적, 내면적, 도덕적 아름다움을 발견하고 키우는 과정일 것이다. 스스로 성장하기 위해 계획과 다짐을 해 보는 것은 매우 의미가 있다. 흘러가는 일상에서 나를 한 번씩 점검하는 '성찰'의 삶은, 인간만이 가진 특징이다. 보통 인간의 특징을 말할 때 언어와 도구의 사용을 꼽는다. 그런데 많은 동물학자의 의견을 들어보면, 인간처럼 언어를 사용하는 동물도 있고, 도구를 사용하는 동물도 생각보다 많다. 고등 사고를 담당하는 전두엽을 가진 동물도 인간만이 있는 것은 아니다. 고릴라, 침팬지, 일부 원숭이도 전두엽이 있다. 그러고 보면 인간이 지구상에서 꼭 제일의 존재인가를 생각해 보았을 때 오만일 수도 있겠다는 생각이 든다.

하지만 인간만이 '성찰'할 수 있다고 한다. 자신의 삶을 돌아보고 반성을 통해 자율적으로 행동을 계획하고 추진할 수 있다는 것이다. 학교에서는 다양한 인지적 교육을 한다. 아울러 그 지식을 제대로 획득하고 기억하는 학습 전략까지도 서서히 가르치고 있다. 그러나 지식의 획득과 활용보다 더 중요한 것은 '나'에 대한 인식이라고 본다. 외부에서 평가하는 일방적이고 부정적인 평가가 아니라, 내가 생각하고 있는 그대로의 존엄한 '나'를 성찰해 보도록 하는 교육이 필요하다는 것이다.

내가 존엄하다면석가모니가 말하듯 '천상천하 유아독존'의 존재가 우리 사람이라면 내가 잘 살고 있는지, 어떻게 살 것인지, 무엇을 추구하며 살 것인지 점검하는 것은 어찌 보면 당연하다. 거울을 보고 외모를 단장하고 옷매무새를 다듬는 것뿐만 아니라, 내 내면을 들여다볼 거울이 필요하다. 그리고 그 과정은 부정적이고 고쳐야 할 것들을 찾는 것이 아니라 숨겨진 내면의 보석을 찾는 방향으로 나아가야 할 것이다. 흠을 잡는다면 한도 끝도 없다. 최근 주목받는 긍정심리학에서 말하듯, 아이들에게 내면의 긍정적인 모습을 찾도록 교육해야 한다. 그 점에서 우리의 아름다움을 찾는 과정은 매우 의미가 있다.

'아름다움'에 대한 교육은 4학년 도덕과에서 4차시에 걸쳐서 교육을 받게 되어 있다. 나는 이 중 자신에 대한 아름다움을 찾도록 교육하는 것에 주안점을 두었다. 앞에서 한 칭찬 샤워 활동이 바로 그것이다. 아울러 자신의 아름다움을 더욱 성장시키는 방법을 구체적으로 생각하도록 한다.

외면적, 내면적, 도덕적 아름다움을 키우는 방법을 아이들에게 생각해 보라고 하면 다양한 답이 나온다. 외면적 아름다움을 키우기 위해 운동을 한다, 편식하지 않는다 등 의견이 나온다.

예를 들어, "피자, 햄버거, 치킨, 라면 등 인스턴트 음식을 줄인다."라고 말하면 아이들은 "라면만은 제발!" 하며 너스레를 떤다. 내면적 아름다움을 조금 어려워하기는 하지만 "'독서를 통해 마음 다지기를 한다'거나 여러분이 취미로 하는 것, 잘하고 싶은 것을 쓰면 되겠지요?"라고 구체적 사례를 들어 주면 이해를 잘 한다. 도덕적 아름다움에 대해서는 아이들이 잘 이해하고 있다.

자신의 지덕체를 키우기 위해 무엇을 해야 하는지 생각하는 과정에서, 아이들은 자신을 돌아보고 성장할 기회를 얻는다.

이 수업을 마치면 아이들의 표정이 참 밝아진다. 친구들이 나에게 아름답다고 말해 주니 얼마나 신이 나겠는가? 꽃보다 아름다운 아이들, 가끔 너무나 익숙해서 잊고 있는 우리의 소중함을 일깨우는 시간이 필요하다. 그것이 인간다움을 갖추도록 하는 한 축이 될 것이다.

※ 가장 마음에 드는 칭찬은? 이유는?

"머릿결이 좋다"
이유는 지금까지 내 머릿결이 좋다고 생각하지 않았는데 친구들이 내 머릿결이 좋다고 칭찬해주셔서 내가 머릿결이 좋은 걸 처음 알았기 때문입니다.

활동3. 나의 아름다움을 가꾸는 방법

나의 아름다움을 가꾸는 방법

소중한 나의 몸을 위하여

소중한 나의 몸을 위해서 하루에 밖에 나가서 뛰고 운동하고, 주말에는 아침에 30분 동안 계속 줄넘기 연습을 하고, 라면을 1달에 1번 먹겠다.

내면의 아름다움을 가꾸기 위하여

내면의 아름다움은 위해 나의 장래희망을 위해 지금부터 인터넷을 그리고 [illegible] 축구를 열심히 하겠습니다.

도덕적인 아름다움을 키워가는 사람이 되기 위하여

도덕적인 아름다움을 위해서 친구들을 용서하고, 칭찬을 받아도 겸손하고 준비물을 친구들에게 잘 빌려주겠습니다.

※ 가장 마음에 드는 칭찬은? 이유는?

칭찬: 글씨를 잘쓴다.

이유: 왜냐하면 내가 글씨연습을 조금하고 있는데 그것을 알아주니 기분이 좋았다.

활동3. 나의 아름다움을 가꾸는 방법

나의 아름다움을 가꾸는 방법

소중한 나의 몸을 위하여

소중한 나의 몸을 위하여 라면을 최대 1년에 2번 먹고 편식을 최대한 하지 않겠다

내면의 아름다움을 가꾸기 위하여

내면적 아름다움을 가꾸기 위하여 내 장점을 찾으면서 그 장점을 더 키우도록 노력할 것이다

도덕적인 아름다움을 키워가는 사람이 되기 위하여

도덕적인 아름다움을 위해 학교가는 길에 경비아저씨께 인사를 열심히 할 것이다

나는 진정으로 아름다운 사람이 되기 위하여 위의 다짐을 지킬 것을 약속합니다!!
다짐자: 5-( ), (송지민)

아름다움 찾기 활동 결과물

8차시

경청을 통해 공감하는 방법을 배워요

비폭력 대화를 훈련하면서

상대의 감정을 이해하고 감정을 조절하며 그것을 잘 전달하는 것, 그것은 대화로 하며 그 대화를 우리는 비폭력 대화라고 한다. '폭력'이라는 말의 뉘앙스가 싫어서 '평화 대화'로 고쳐 말하고 싶은데, '비폭력 대화Nonviolent Communication'라는 말이 워낙 유명하니 따를 수밖에 없다. 하지만 이 말이 꼭 싫은 것만은 아니다. 존경하는 마하트마 간디의 무저항 비폭력주의가 떠오르니 말이다.

나는 교사가 된 후 상담학을 전공했다. 2년째에 띠동갑인 6학년 아이들을 맡으면서 생활지도에 어려움을 겪었고, 과한 열정만큼 아이들에게 엄격하고 가끔은 공격적인 생활지도를 했다. 자신에 대한 자괴감, 한계와 소진을 느끼다가 시험을 쳐서 세 번 만에 교육대학원에 들어가 상담교육을 전공했다. 여기에 만족하지 못하고 박사 과정도 힘들게 마쳤다. 개인적으로 상담심리사

과정을 수련하느라 보호관찰소에서 4년간 상담하고, 토요일마다 상담학회에 참가하고 상담사례 보고에 상담 슈퍼비전을 받는 등, 정말 열정적으로 공부했다. 아이들을 잘 지도하고 싶어서 공부했지만, 공부하면서 자신에게 문제가 있다는 것을 알았고, 상담 공부와 교육상담 등을 통해 내 인생의 미해결 과제를 차근차근 극복했다고 생각했다.

그러나 이론과 실천을 연결하기 위해서는 뼈를 깎는 고통이 필요함을 매 순간 느낀다. 이 세상에서 가장 먼 길이 머리에서 가슴, 가슴에서 손과 발행동이라고 하지 않는가? 박사 학위를 받은 뒤에도 다양한 워크숍에 참여하면서 좋은 교사, 좋은 부모, 좋은 아내이것이 가장 힘들다, 좋은 사람이 되려고 노력해 왔다. 그 시도 중 하나가 비폭력 대화다.

비폭력 대화를 제대로 배우고 싶어서 NVC센터에 가서 이틀을 꼬박 배웠다. 상담교육 박사 학위를 따는 과정에 여러 이론을 접했다. 비록 이론은 좀 알지 모르겠지만 실제로 내가 평온한 대화를 제대로 하느냐고 묻는다면 자신이 없었고, 실질적인 훈련이 절실했다. 그 훈련을 통해 나는 편견 없이 관찰한다는 것의 어려움, 타인뿐만 아니라 나 자신의 마음을 알아채고 읽는 것의 중요함, 나와 타인의 진정한 바람욕구을 발견하는 것과 그 바람들은 하나로 통한다는 것의 신기함, 그리고 존중의 마음을 담아 전달하는 부탁의 유용함을 배웠다. 그중에서도 자신의 성급함과 그로 인해 벌어진 수치심 속에서 나를 성찰할 기회를 가졌다는 부끄러움 속 배움이 가장 컸다.

회사 상사가 추천하여 교육에 참여하게 된 한 남성분이 있었다. 미혼이고 말이 많지 않지만 인간다운 진실함과 신중함, 성실함이 느껴지는 분이었다. 욕구need 카드를 이용하여 각자의 사건을 듣고 욕구를 알아맞히는 활동을 하는 중이었다. 그분이 여자 친구와 겪은 일을 말하는데, 벽에 못을 제대로 못 박았다는 이유로 싸웠던 이야기를 했다. 2차 감정은 화가 나고, 그 밑의 1차 감정으로는 서운함, 섭섭함, 부끄러움, 슬픔, 두려움 등 여러 가지 '감정'이 드러났다. 이후 욕구 분석에서는 이해받고 싶고최선을 다했음을, 존중받고 싶고, 능력을 보여 주고 싶고, 진정한 사랑과 유대감을 느끼고 싶다는 등 다양한 욕구가 나타났다. 빨리 끝나고 시간이 있어서 좀 더 이야기하는데, 결국 헤어졌다는 말을 들었다.

점심을 먹고 서로에 대한 낯섦이 사라지고 여유롭게 쉬는 중에 문득 그 남자분이 싱글거리며 앉아 있는 것이 눈에 들어왔다. 나는 서로의 마음을 읽은 후라 편해진 관계라고 착각하고 나도 모르게 해서는 안 될 말을 해 버렸다.

"저기 선생님이 여자 친구랑 헤어졌다고 하네요. 혹시 좋은 여자분 있으면 소개해 주세요."

말을 뱉자마자 나는 내가 큰 실수를 했음을 깨달았다. 분위기는 어색해졌고, 그 남자분은 당황했다. 인간적인 호의를 보인다는 이유로 나는 그 남자분에게 폭력을 가한 것이다. 허락도 하지 않았는데, 그 사람의 사생활을 말하는 것은 분명 잘못된 행동이다. 물론 내가 찍은 방점은 '좋은 여자분 소개'였지만, 여자 친구와 헤어졌다는 말도, 좋은 여자분을 소개해 주라는 말도 결코 해서는 안 되었다. 그건 나의 과도한 오지랖이었다. 분위기의 어색함을 풀겠다고, 친해졌다는 확인을 위해 타인의 사연을 이용한 것이다. 이런 행위는 천박하고 폭력적이다. 지금도 그때 일을 생각하면 얼굴이 화끈거린다. 당시 나는 '주워 담을 수 없는 물'이 무엇인지를 온 마음으로 느꼈고, 그 남자분에게 죄송하다는 말을 틈이 날 때마다 했다. 계속 웃기는 했지만, 괜찮다는 말을 들을 수 없었고, 어느 순간 침묵하는 것이 진정한 반성의 의미임을 느꼈다. 지금 생각건대, 교육 시간에 배우고 훈련한 것보다 더 중요한 것은 상대방을 진정으로 배려하는 것, 사려하는 마음이 가장 기본에 깔려 있어야 한다는 것이다. 속마음을 들었을 때는 마음에 담아두어야 하고, 사려 깊게 감싸 주는 것도 상대가 허락할 때 만이다. 상대를 존중하는 마음, 진정으로 상대의 처지에서 헤아리는 마음, 그것이 진정한 비폭력 대화의 시작일 것이다.

수업 활동 _ 기린의 귀 안으로 듣기

기린의 귀로 듣는다는 것이 무엇인지 아이들에게 묻는다. 활동지를 보고 공감하는 것이라고 눈치껏 말하는 아이들도 있다. 이럴 때는 "왜 하필 공감을 기린으로 표현했을까요?"라는 물음으로 이어가면 된다.

그렇지 않고 답을 찾지 못하는 아이들에게 힌트를 준다.

"기린은 이것이 가장 커요."

아이들은 단번에 "아, 목이요?"에서 귀, 혀, 다리 등등 기린의 겉모양을 열심히 말한다.

"아, 그래? 맞긴 한데…… 내장기관이고, 목이 길기 때문에 더욱 이것이 커야 하지요."

아이들은 한동안 고민하다가 또 아는 내장기관을 대기 시작한다. 그러다가 한 아이가 "심장!"이라고 말한다.

"맞아, 심장! 심장은 무엇을 상징하지요?"

"마음이요."

"그렇다면 기린의 귀로 듣는다는 것은?"

"마음으로 듣는 것이요."

"마음으로 듣는다는 것은?"

"그 사람의 심정을 알아주는 것이요."

"그것을 두 글자로 뭐라 할까요? 공감하며 듣는다는 것은?"

"경청!"

드디어 깊이 있는 소통의 시작인 공감, 경청이 아이들의 입에서 나온다.

그리고 어느덧 나는 경청을 한자로 써 보자고 한다. 기울일 '경傾'과 들을 '청聽'을 설명한다. 잘 들으려면 자세를 기울여서 최선을 다해 듣는다는 것을 설명하니, 아이들은 고개를 크게 끄덕이며 경청이라는 말이 참 멋진 말이라고 한다. 특히, 후덕한 귀耳를 가진 왕王처럼, 열 개十의 눈目을 가지고, 한一 마음心으로 듣는다는 들을 '聽'은 정말 멋진 한자다. 백성의 말을 듣는 왕처럼

	자칼	기린
귀 안으로 듣기	- 상처받기, 자책하기 - 우울, 단절 - '모두 다 내가 못나서 그래. 난 어쩔 수 없나 봐.'	- 상대의 비난에 휩싸이지 않기 - 자기 공감(내 마음의 느낌, 바램) - '저 사람의 말을 들으니, 내 마음이 좀 서운하네.' - '내가 정말 바라는 것이 뭐지?'
귀 밖으로 듣기	- 공격하는 거야? - 나도 공격한다. 비난, 반박, 남탓 ⇒ 우울, 단절 - '어디 두고 보자. 가만 안 둬.'	- 상대방의 마음 공감 - '저 사람의 지금 심정은 어떨까?' - '저 사람이 진짜 바라는 것이 무엇일까?'

언어, 비언어, 반언어적인 것까지도 보면서, 상대방의 마음과 하나가 될 정도로 주의 깊게 듣는다는 것, 어려워 보이는 한자를 하나하나 분석하며 아이들은 '진정한 듣기'란 무엇인지 이해하기 시작한다.

이런 분석 후 짝 활동으로 경청의 중요성을 이해하도록 한다. 짝끼리 가위바위보를 해서 이긴 사람이 팔짱을 끼고 딴청을 하며 잘 듣지 않고, 진 사람은 이긴 사람에게 오늘 아침에 일어나서 학교에 오기까지 있었던 일을 이야기하도록 한다. 맨 처음에는 '뭐 이런 시시한 활동을 하나?' 하는 표정으로 나를 보더니, 곧 딴청 피우는 짝에게 당황하다가 얼굴이 붉으락푸르락 되는 것을 보게 된다. 이어서 "복수의 시간입니다. 바꾸어서 해 보세요." 하면 아이들은 신나게 바꾸어서 역할을 한다. 과정이 끝나고 아이들에게 활동 소감을 듣는다.

"정말, 너무 화가 났어요."

"때려 주고 싶었어요."

"말하기 싫었어요."

"벽하고 말하는 것 같아서 괴로웠어요."

아이들의 대답은 다양하다. 중요한 것은 여기서 끝나면 안 된다. 부정적인 감정 상태로 다음 과정으로 넘어가면 학생들이 수업에 참여하는 것에 왠지 좋지 않은 분위기가 흐른다.

"그럼, 이제는 최선을 다해서 들어 주기입니다. 관심을 두고 들어 주세요. 아까 이겼던 사람이 먼저 들어 주세요."

안내에 따라 아이들은 열심히 이야기를 나누는데 아이들 사이에서 웃음이 나기도 하고 매우 즐거워 보인다. 소감을 물어보면 좋았다고 말한다.

"좋았다고요……. 그럼, 잘 듣는다는 것을 어떻게 알지요?"

"상대방을 부드럽게 바라봐요."

"맞장구를 쳐 줘요."

"끼어들지 않고 들어 줘요."

"고개를 끄덕여 줘요."

심지어 어떤 학생은 "들은 내용을 잘 요약해서 '네가 말한 내용이 이러이러하다는 것이니?' 하고 알려줘요."라며 고급 상담 기술인 '요약 및 명료화'를 직관적으로 파악하는 아이도 있다. 아이들의 이런 반응을 모아서 활동지에 정리한 것을 다시 한번 짚어 준다.

경청을 통해 상대의 마음에 공감하는 것, 그것은 단순히 감정만 읽는 것이 아니라 진정 '바라는 점', '욕구'가 무엇인지 생각하도록 한다. 사례를 제시한 활동지를 읽도록 하면서 이 점을 부각한다. 마음을 읽어 주는 것은 이제는 생소하지 않고 이해하는 사람도 많지만, 정말 중요한 점은 상대와 나의 깊이 있는 '바람욕구'을 알아내는 것이다. 이 욕구를 잘 찾아서 부드럽게 직면시킬 때 상담이 깊이 있게 되는 경우가 많다.

> 공감의 예
>
> **친구**: 난, 되는 일이 하나도 없어. 짜증나.
>
> **공감**: 일이 잘 되지 않아서 실망스럽나 보네.
>
> **친구**: 어, 되는 일이 하나도 없어. 공부에 집중도 안 되고 매일 선생님에게 혼나고….
>
> **공감**: 요즘, 이래저래 많이 힘들구나. 공부도 걱정되고 선생님에게 혼나니 더 불안하고.
>
> **친구**: 응, 힘들지. 걱정되고, 불안하고.
>
> **공감**: 너가 공부도 좀 효율적으로 잘 하고 싶고, 선생님께 인정도 받고 싶은 것 같아.
>
> **친구**: 그래, 그렇지.
>
> **공감**: 너의 그런 마음이 느껴져서 반갑고 다행이야.

공감이란 (   )이다.
왜냐하면, ________________________________

이제까지 활동한 내용을 중간에 정리하는 의미에서 '공감'을 비유적으로 표현해 보도록 한다. 해마다 아이들이 말하는 공감은 제각각이지만, 정말 멋진 비유가 등장하기도 한다.

"공감은 선풍기예요. 나를 향해서 움직이니까요. 그리고 땀을 식혀 주듯이 상처를 아물게 해 줘요."

"공감은 무지개예요. 다양한 색깔처럼 사람은 누구나 다르고, 감정도 모두 다르다는 것이 나타내는 것이에요."

"공감은 난로예요. 너무 가까우면 뜨겁고 너무 멀면 차갑고. 그러니까 적당하게 예의를 지켜 가면서 마음을 따뜻하게 읽어 주어야 해요."

마지막 말을 듣는 순간 생각이 깊어 깜짝 놀랐다. 아이들은 어른만큼, 어쩌면 어른보다 더 우리가 알아야 할 것들의 본질에 더 순수하게 다가가고 있다는 생각이 들 때가 있다.

우리의 아름다운 데이트

인성 수업의 이러한 활동은 단순히 의미와 이유를 이해하는 것뿐만 아니라 실제로 적용해 보아야 한다. 그래서 활동지에 '우리의 아름다운 데이트'를 쓰는 방법을 안내하며 아이들이 실제 자신들의 이야기로 말하고 듣는 연습을 한다. 활동하기 전 경청의 자세에 대해서 배운 바를 다시 한번 떠올리고 활동하도록 한다.

이야기를 하기 전에 선서로 비밀 보장을 약속하고, 시간이 길지 않기 때문에 감당할 수 있는 정도의 고민을 꺼내도록 안내한다. 서로 대화하는 시간이 10분인데, 이 사이에 부모님의 이혼 등의 문제를 꺼내면 듣는 사람도 당황할 수밖에 없고, 수습이 안

된 채 끝나면 서로 꺼림칙하기 때문이다. 아이들에게 비밀 보장과 감당할 수 있을 정도의 자기 노출은 모든 상담 구조화 단계에서의 작업이다. 아이들에게 이 점을 쉽게 교육해야 한다.

'어떤 이야기를'에서는 나와 친구 이야기의 주제만 쓰도록 한다. '친구의 말을 들으며 느낀 점'에는 상담자들어 주는 사람로서 활동하며 드는 생각을 쓰면 되고, '친구가 들어 주는 태도를 보며 느낀 점'은 내담자말하는 사람로서 들었던 느낌이나 생각을 쓰면 된다. 전체 인원이 짝수라면 교사가 참여하지 않고 아이들을 관찰만 하면 되지만, 홀수라서 한 명이 남으면 교사가 상담자로 말을 들어 주는 역할을 하면 된다.

아이들이 와글와글 이야기를 나누지만, 신기하게도 서서히 상대의 말에 잘 집중한다. 서로 무릎을 맞대고 진지하게 말하는 아이도 있고, 서로 미소를 지으며 말하는 아이도 있다. 물론 익숙하지 않은지 자신의 공책만 보고 말을 못 꺼내는 아이도 있다. 재미있는 것은 남자아이는 주로 옆을 보고 이야기하고 듣는데, 여학생들은 서로 얼굴과 눈을 쳐다보면서 대화한다. 의사소통과 공감 뇌가 발달한 여성의 특성이 드러나는 부분이다. 그러나 그 반대의 경우도 눈에 띈다. 남자끼리인데 참 다정하게 이야기를 나누고 있고, 여학생끼리인데 어색하기 그지없고, 대화했는지 안 했는지 의심스러울 때도 있다. 학원 이야기, 형제와의 갈등 이야기, 성적 이야기 등등 아이들은 다양한 사연을 이야기한다. 무슨 말을 할지 몰라서 장난스럽게 하다가도 한쪽에서 진지한 주제를 꺼내면 멀찍이 앉아 있던 아이가 가까이 몸을 기울이며 들어 주

'아름다운 데이트' 중인 학생들

려고 애를 쓰는 장면을 종종 목격한다. 아이들은 상황이 되면 얼마든지 상대를 위해 시간을 내주고 따뜻한 시선을 보낼 수 있으며 배려할 수 있는 것이다.

하지만 소감문을 보면 "내 짝꿍이 지나치게 쳐다봐서 말하기가 거북했다", "나는 열심히 들어 주려고 아주 노력했는데, 내 짝꿍은 건성으로 듣는 것 같아서 기분이 많이 안 좋았다." 등 부정적인 경험으로 힘들어하는 아이도 있다. 물론 모두가 만족스러울 수 없겠지만, 상대방의 행동이나 태도를 보고 '반면교사'로 배울 수도 있는 것이리라.

몇 년 전 이와 비슷한 수업을 진행하는데 한 여자아이가 나에게 다가와 할 말이 있다고 했다.

"선생님, 동우가명랑 이야기하는데요……. 그 친구가 죽고 싶다고 해서 걱정돼요."

순간 깜짝 놀랐지만 조용히 자초지종을 물었다.

"걔도 저도 학원을 너무 많이 다녀서 힘들다고 하면서 이야기하다가 '너는 죽고 싶지 않니?' 하면서 자기는 여기저기 학원 다니면서 힘들어서 가끔 죽고 싶다고 생각한대요. 많이 힘든가 봐요."

동우는 수업 시간에 볼 때마다 유달리 눈빛이 초롱초롱 빛나고 열심히 참여하는 모범생이라서 충격이었다. 동우에게 다가가서 심드렁하게 공책을 보여 달라고 하고 주제를 확인했더니 여학생이 말한 내용과 같았다.

"동우야, 학원 많이 다녀서 많이 힘드니?"

동우는 다른 사람 말을 듣는 것처럼 딴청을 피우며 "예? 저 그런 말 한 적 없는데요." 한다.

걱정되어서 담임 선생님에게 수업 시간 내용을 이야기했다. 선생님은 "아이고, 웬 걱정을 하세요. 걔는 그 정도는 견딜 수 있는 아이예요. 뛰어난 아이라서, 그 정도 시키는 것쯤은 견뎌 내요. 걱정하지 마세요, 수석님." 하고 오히려 나를 안심시킨다.

담임 선생님이 저리도 확신하니 더 이상 말을 꺼낼 수 없었다. 그 후로 다른 경로로 그 부모님께 말이 들어갔지만, 동우는 그런 적 없다고 했단다. 나로 인해 오히려 동우가 자기 마음을 표현도 못 하게 된 것은 아닌지 미안하면서도 불안했다. 하지만 동우가 학업적 스트레스로 많이 힘들어하고 있고 잘 살펴봐야 함을 부모님들이 알았으니 한 편으로는 다행이다 싶기도 하다.

'우리의 아름다운 데이트' 활동을 하면서 아이들 간에 우정이 깊어지는 것을 목격하기도 한다.

5학년 초반에 전학 온 아이가 있었다. 전학생이 어떤 상황에 놓이는지는 대부분이 알 것이다. 아이들이 착한 편이라 그 아이를 따돌리거나 밀어내지는 않았는데, 그렇다고 적극적으로 받아들이지 않는 것을 느끼고 있었다. 내가 개입을 해야 하나 지켜보고 있었다.

그 짝꿍과 보통의 남자아이들이 보여 주는 서먹함이 이어지고 있는데, 갑자기 그 아이가 짝꿍에게 자신의 가슴을 가리키며 "내가 사실은 가슴 쪽에 화상이 있는데……" 하는 말을 얼핏 들었다. 주변 아이들은 서로 이야기하느라 그런 말을 못 들었고, 마침 살펴보던 내가 들은 것이다. 지금도 생각해 보면 2~3미터 떨어진 거리에서, 그 소란 속에서 순간의 고백을 어떻게 알아들었는지 사람의 귀가 대단하다는 생각이 든다.

'칵테일 파티 효과'라고 해야 할까? 내 강점의 하나라면, 여러 사람이 말하는 가운데 어떤 사람이 상처를 드러내는 말을 하면 민감하게 반응하고 잘 찾아낸다는 것이다.

아무튼 더 놀라운 것은, 그 말을 꺼내자 옆으로 앉아 몸을 뒤로 젖혀 방관자처럼 앉아 있던 짝꿍이 갑자기 몸을 그 아이에게 기울이면서 고개까지 끄덕이며 경청하기 시작했다는 것이다. 이후로 두 아이는 서로 얼굴을 자주 보고 웃기도 하는 친구가 된 듯하다. 용기 있게 자신의 이야기를 꺼낸 그 아이도, 그것을 들어주며 열심히 경청하는 그 짝꿍도 참 멋졌다. 이 활동에 '아름다운 데이트'라고 이름 붙인 것이 참 잘 어울린다는 생각이 들었다.

우리들의 아름다운 데이트	
누구와	
어디서	교실
어떤 이야기를	나의 주제: 친구관계 친구의 주제: 언니, 아빠 사촌.
친구의 말을 들으며 느낀 점	(내가 상담자일 때) 상담자 → 친구가 잘 말해줘서 기분을 잘 이해하고 잘 해줄 것이다.
친구가 들어주는 태도를 들으며 느낀 점	(내가 내담자일 때) 내담자 친구가 나의 말을 잘 들어주고 나의 기분을 이해해 주어서 정말 좋았다.

활동을 하면서 느낀 점	스스로 평가해 봐요
친구가 걱정되는 문제를 말했을 때 잘 공감해주고 이해를 해 주어서 친구의 기분이 좋아져서 다행이고, 친구가 나의 말을 잘 들어주어서 정말 고맙고 내 기분을 이해해 주어서 감동스러웠다. 또 내 친구가 나의 문제를 조금이라도 해결해 주어서 정말 고마웠다. ♡	질문) 배움 활동에 적극적으로 참여하였나요? (스스로 평가하여 ○표 하세요) - 매우 그렇다.........(○) - 그렇다................( ) - 보통이다.............( ) - 아니다................( ) - 모르겠다.............( )

우리들의 아름다운 데이트	
누구와	♡♡(내 짝꿍)
어디서	교실
어떤 이야기를	1. 나의 주제: 어린이날 선물 2. 친구의 주제: 오늘 일정
친구의 말을 들으며 느낀 점	(내가 상담자일 때) 상담자 시간이 빠듯해서 힘들 것 같다. 5학년인데 [illegible] 바빠서 나도 [illegible] 공감이 잘 되고 [illegible]
친구가 들어주는 태도를 들으며 느낀 점	(내가 내담자일 때) 내담자 친구가 내 이야기의 공감해주고 해결책을 찾아줘서 고맙다. 동생이 있는 친구라서 공감이 더 잘 됐던 것 같다 [illegible] 더 얘기하고 싶다.

활동을 하면서 느낀 점	스스로 평가해 봐요
경청을 잘 해야지 공감도 할 수 있고 이것들을 통해서 친구 또는 가족 간의 관계, 우정이 더 돈독해진다. 친구가 내 말을 무시했을 땐 내가 누구와 얘기하는지 그 친구가 날 싫어하나라는 생각이 들었는데 내 말을 들어주니깐 더 이야기 하고 싶고 나도 그 친구의	질문) 배움 활동에 적극적으로 참여하였나요? (스스로 평가하여 ○표 하세요) - 매우 그렇다.........(○) - 그렇다................( ) - 보통이다.............( ) - 아니다................( ) - 모르겠다.............( )

이야기를 하고 싶었다. 그리고 그 친구에게 매우 고마웠다 내담자일 때는 고민이 해결가능 [illegible] 없는데 → 친구가 잘 들어줘서 긍정적이 되었고 상담자일 때는 그 친구에게 좋은 조언이 됐는지 궁금했다

« 25 »

아름다운 데이트 소감문

누구와	
어디서	교실
어떤 이야기를	1. 나의 주제: 2. 친구의 주제:
친구의 말을 들으며 느낀 점	친구의 슬픈 마음을 공감하고 느꼈습니다. 그리고 나도 마치 슬픈 듯이, 아기가 된 듯한 느낌이 들었습니다.
친구가 들어주는 태도를 들으며 느낀 점	들을 준비가 되었다는 표정과 고민을 해결해 주겠다는 마음을 느꼈습니다. 그래서 나도 안심이 되었다.

활동을 하면서 느낀 점	스스로 평가해 봐요
이번 활동으로 앞으로 공감이 더 잘 되는 것 같고, 친구가 공감해주는 태도를 보고 친구와 더 친해진 것 같다. 친구의 다양한 감정을 느끼며 정서적 발달이 된 것 같다. 그리고 오랜만에 친구와 대화해본 것 같아서 참 유익한 시간이었던 것 같다. 다음 시간에 기린의 말이 무엇인지 알고 싶다.	질문) 배움 활동에 적극적으로 참여하였나요? (스스로 평가하여 ○표 하세요) - 매우 그렇다.........(　　) - 그렇다................(　　) - 보통이다............(　　) - 아니다................(　　) - 모르겠다............(　　)

25

누구와	
어디서	교실
어떤 이야기를	1. 나의 이야기 2. 친구의 이야기
친구의 말을 들으며 느낀 점	(내가 상담자일 때) 내가 도와주고 싶고 공감이 됐다. 내가 도와주고 있다는 것이 뿌듯했다.
친구가 들어주는 태도를 들으며 느낀 점	(내가 내담자일 때) 재미있고 기분이 좋음. 답답함이 하나도 없음. 해결책을 알려주는 것이 고마웠다.

활동을 하면서 느낀 점	스스로 평가해 봐요
내가 친구의 고민을 들어주고 있다는 것이 뿌듯했다. 그리고 도와주고 싶었고 고민이 공감이 되었다. 친구가 나에게 해결책을 말해줄 때는 친구에게 고마운 마음이 있었다. 또 친구가 재미있게 상담해 줘서 더 솔직히 말할 수 있었고 더 집중할 수 있었다. 기분이 정말 좋았고 통쾌하고 후련했다. 고민을 말해주는 것 정말 좋은 일이다. 친구가 나의 비밀을 지켜줬으면 좋겠다.	질문) 배움 활동에 적극적으로 참여하였나요? (스스로 평가하여 ○표 하세요) - 매우 그렇다.........(　　) - 그렇다................(　　) - 보통이다............(　　) - 아니다................(　　) - 모르겠다............(　　)

아름다운 데이트 소감문

9차시

비폭력 대화를 차근차근 배워요

좋은 대화의 법칙

누구나 나의 말을 끊임없이 하는 시대다. 자존감을 높인다는 이유로 오프라인에서건 온라인에서건 자신을 드러내는 시대적 흐름은 거스를 수가 없다. 그게 나쁜 것은 아닐 것이다. 입을 닫고, 침묵하고, 답답하게 가슴앓이하는 억압된 사회보다는 자유롭게 자기표현을 하는 요즘이 훨씬 나을지도 모르겠다. 다만 말이 많으니 오해가 많고, 하지 않아야 할 말도 많이 한다. 이런 말의 범람과 폭력에서 나와 타인의 마음을 읽고 이해하며, 진정한 바람을 찾고 그것을 부드럽지만 단호하게 표현하려면 연습과 훈련이 필요하다.

대화와 소통이 중요하다는 것을 알고, 아이들에게 말을 부드럽게 하라고 하면서도 어떻게 말하는 것이 친절하고 평화로운 대화인지 구체적으로 안내하고 교육하는 것에 조금 게을렀다는 것을 인정해야겠다.

사실 가르치기 전에 먼저 배워야 한다. 마음이 오가는 대화가 무엇인지 경험하고 그 경험을 성찰하며 거기서 배움의 요소를 추출하여 아이들에게 어떻게 전달할지 고민하는 것이 교사의 역할이다.

좋은 대화란 무엇일까? 공감, 경청, 이해, 진정성 등 많은 단어가 떠오른다. 계몽주의 시대와 같은 이성의 시대라면 분석적, 논리적, 합리적이고 명쾌한 대화가 환영받을 것이다. 그러나 지금은 미래학자인 다니엘 핑크Daniel H. Pink의 말처럼 '하이 터치high touch'라는 감성 시대다. 논리를 생명으로 하는 토론의 장에도 감동을 주는 연설이나 말이 주목받고 있다는 뜻이다.

아리스토텔레스는 《수사학》에서 설득의 세 가지 기법으로 에토스, 파토스, 로고스를 말했다. 비율로 따지면 에토스 60, 파토스 30, 로고스 10이다. 즉, 말하는 사람의 인격, 도덕성, 신뢰감이라는 윤리적 측면이 60%, 공감 및 감성이 30%, 논리와 이성이 10%라는 것이다. 우리가 그토록 중요하다고 배운 논리와 합리성은 대화의 기술에서 차지하는 비중이 10%에 지나지 않는다.

아이들을 위한 대화 훈련의 첫 번째는 공감 훈련이다. 상대와 내 느낌을 이해하고, 나아가 마음속 깊이 숨겨진 욕구바람를 이해하는 것은 상대방과 진정한 비폭력 대화를 하는 기본이 된다. 느낌과 상대의 욕구를 이해하기 위한 노력은 마셜 로젠버그Marshall Bertram Rosenberg 박사의 '비폭력 대화'와 연결된다. 여기에서 느낌과 욕구는 대화 중에 상대의 마음을 느끼고 욕구를 파악하는 것도 중요하지만, 자기 마음속 느낌과 욕구를 인식하는 것도 매우 중요하다. 어쩌면 나를 이해하는 과정에서 타인의 마음을 이해할 수 있기 때문이다.

비폭력 대화는 관찰, 느낌, 욕구, 부탁이라는 네 가지 단계로 이루어진다. 즉, 상대 행동을 편견 및 평가 없이 있는 그대로 관찰하고, 내 생각이 아닌 느낌과 직면하며, 욕구중요하게 생각하는 가치들를 찾아내는 과정을 거쳐서 이 모두를 연결하여 진심 어린 부탁을 하는 것이다. 비난과 비판 없이 솔직하게 진심을 말하는 것이며, 상대방 메시지 뒤의 진심을 열린 마음으로 공감하며 듣는 평화적인 대화다. 아이들이 어릴 때부터 이런 대화를 접한다면, 최소한 자신의 느낌과 욕구를 인식할 수 있고 더 나아가 적절히 표현할 수 있다면, 우리가 그렇게도 원하는 행복한 삶에 다가가는 열쇠를 얻는 것이리라.

자칼의 대화 VS 기린의 대화

비폭력 대화를 위해서는 의도적인 노력이 필요하다. 일반적으로 대인 관계 속에서 마음의 갈등은 상대의 말을 어떻게 받아들이느냐에 따라 달라진다. NVC의 창시자인 로젠버그 박사는 상대방이 비난하는 말을 들을 때 네 가지 유형으로 들을 수 있다고 말했다.

네 유형을 말하기 전, 대화의 상징을 자칼의 대화와 기린의 대화로 구분할 수 있다. 우선 '기린'은 심장이 가장 큰 초식동물로 평화적이면서도 힘이 있는 비폭력 대화를 상징한다. 이에 비해 '자칼'은 관찰 대신 평가로, 느낌 대신 분석으로, 욕구에 대한 의식 없이 겉도는 수단과 방법으로, 부탁 대신 강요와 명령으로 대화하여 상처와 소외를 일으키는 대화를 상징한다.

이러한 상징을 기준으로 네 가지 듣기 유형을 제시하는데, 자칼의 귀 안으로 듣기, 자칼의 귀 밖으로 듣기, 기린의 귀 안으로 듣기, 기린의 귀 밖으로 듣기가 그것이다.

	자칼	기린
안으로 듣기	상대방의 말에 상처 받고 자신을 탓한다. 자책과 우울로 소통의 단절이 일어난다	상대의 비난에 휩싸이지 않고, 내 마음의 느낌과 욕구에 초점을 두어 내 마음의 소리를 들으며 '자기공감'을 한다.
밖으로 듣기	상대방 말을 공격적으로 받아들이면서 상대를 반박하고 비난, 공격, 남탓 하면서 소통의 단절이 일어난다.	'저 사람은 왜 저런 말을 할까?' 호기심을 가지면서 상대의 느낌과 욕구에 초점을 둔다. '상대에 대한 공감'이다.
안으로 말하기	"더 이상 말하고 싶지 않아! 다 내 탓으로 해!"	"당신이 나에게 소리를 지르니 당황스러워요. 힘든 것은 알겠는데 존중해서 말씀해 주세요."
밖으로 말하기	"당신은 모두 틀렸어요. 그리고 이 일은 당신 잘못이니까 당신이 모두 수습하세요!"	"당신은 지금 어떤 느낌이세요?" "당신이 정말 바라는 것은 무엇인가요?"

'자칼의 귀 안으로 듣기'는 상대가 하는 말을 그대로 받아들여서 상처받고, 그 책임이 나에게 있다고 생각하면서 자신을 탓

한다. 이러한 자신에 대한 비난과 비판은 자동으로 이루어지며 자책과 우울함에 빠지면서 소통의 단절이 일어난다.

'자칼의 귀 밖으로 듣기'는 상대의 말을 공격적으로 받아들여서 상대를 반박하고 비난하는 데 초점을 둔다. 자칼의 귀 안으로 듣는다는 것이 자신에 대한 공격으로 이어진다면, 이것은 남에 대한 공격으로 이어지고 분노하거나 남 탓을 하면서 역시 소통이 단절된다. 상대를 비난하고 비판하는 생각이나 말은 '자칼의 귀 밖으로 듣기'다.

'기린의 귀 안으로 듣기'는 상대가 나를 비난하는 말을 들을 때, 내 느낌과 욕구에 초점을 맞추어 자기 공감을 하는 것이다. 상대의 상처 주는 말에 휩싸이지 않고, '저 사람이 말할 때 내 마음이 어떻지? 내가 바라는 점은 무엇일까?'를 생각하는 것이다.

'기린의 귀 밖으로 듣기'는 '저 사람은 왜 저런 말을 할까?' 라고 호기심을 가지면서 상대의 느낌과 욕구에 초점을 둔다. 기린의 귀 안으로 듣기가 '자기 공감'이라면, 기린의 귀 밖으로 듣기는 '상대에 대한 공감'이다.

결국 아이들에게 가르칠 것은 비난이나 파괴가 아닌 연결과 문제 해결적인 삶이며 이를 위해서는 자기 공감인 기린의 귀 안으로 듣기와 타인에 대한 공감인 기린 귀 밖으로 듣는 방법을 익히는 것이 필요하다. 아울러 이런 듣기 후 그것을 부드럽게 표현하는 비폭력 말하기도 훈련이 필요하다.

1) 격정적인 감정을 차분하게 하는 관찰Observation의 힘

비폭력 대화의 첫 번째 요소인 관찰은 우리를 감정적으로 자극하는 일을 객관적이고 구체적으로 묘사하는 것이다. 우리는 타인의 행동을 볼 때 나도 모르게 '평가'적인 시각으로 바라본다. 이러한 인식은 비난, 변명, 방어, 더 나아가 공격적인 태세를 취하게 되며 긴장의 분위기를 일으킨다. 관찰은 부정적인 평가와 편견을 막는 방법이다.

표를 보면 왼쪽의 '평가'적인 대화는 고정관념이 강하고 불편함을 느끼게 한다. '그 사람은 그렇구나'라는 낙인과 왜곡, 반발심을 가져오기조차 한다. 이에 비해 오른쪽의 '관찰'적 대화는 상황을 사실대로 묘사했기에 감정의 고조나 오해를 막기가 훨씬 쉽다. 아이가 나를 보고 웃을 때 그것이 비웃는 것으로 생각하는 것은 나의 오해일 수 있다. 겸연쩍어서 혹은 미안해서 웃는 것일 수도 있고, 다른 생각을 하느라 웃을 수도 있으며, 원래 표정이 그래서 오해를 받는 상황일 수도 있는데, 그것을 나에 대한 무례한 표정이라고 판단하면 관계도 깨질 뿐만 아니라 불편한 감정이 더 강해져서 상처를 입을 수 있는 것이다.

특히 청소년기는 전두엽의 리모델링 과정이라서 상대의 표정이나 태도를 곡해하면서 감정이 격해지면서 폭력적인 상황을 일으킬 수 있다. 상대의 감정이나 태도를 편견이나 오해 없이 인식하는 훈련을 체득하면, 청소년기에 보이는 일방적인 오해와 그로 인한 다양한 폭력 상황이 조금은 덜하지 않을까 싶다.

평가 vs. 관찰	
- 너, 나를 무시하니?	- 내가 너에게 "안녕"하고 인사를 했는데, 넌 고개를 돌려 다른 곳을 보았어.
- 우리 아이는 책을 싫어한다.	- 우리 아이는 책을 석 달에 한 권 읽는다.
- 철수는 공격적이다.	- 철수는 친구들과 놀다가 화가 나면 소리를 지르고 욕을 하며 때리거나 물건을 던진다.
- 우리 선생님은 독재자다.	- 우리 선생님은 의견을 말하려고 하면 "됐어. 그만해." 하며 말을 끊는다.
- 나는 버림받는 것에 대한 불안감이 있다.	- 상사가 "○○씨는 엘리트야."라며 입사 동료인 ○○를 칭찬하는 말을 내 앞에서 할 때, 머릿속에서 '나는 뭐지?'라는 생각이 든다.
- 나는 깔끔쟁이다.	- 흐트러진 거실을 보면 마음이 불편해지고 인상이 찌푸려진다.
- 그는 성깔이 있고 욱하는 인간이다.	- 그는 자신의 의견과 다른 의견을 내면 바로 소리를 치고 얼굴을 붉힌다.
- 그 아이는 나를 비웃고 무시하는 것이 틀림없다.	- 큐브를 만지작거리는 아이에게 "수업 시간이니 큐브를 넣어라." 했더니, 집어넣지 않고 나를 웃으며 쳐다보았다.

2) 정서 인식의 기본, 느낌Feeling의 힘

느낌이란 자신의 내외부 자극에 대해 마음과 몸에서 일어나는 반응이다. 나와 타인의 느낌을 제대로 공감할 때, 우리는 서로에게 더 큰 친밀감과 유대감을 형성한다. 그런데 이러한 느낌을 표현할 때 머릿속 생각을 그대로 표현하면 서로에게 상처를 줄 수도 있다.

우리는 대화하면서 자동으로 생각을 말할 때가 많다. 이러한 생각은 평가와 더불어 오해를 가져오고 상대에 대한 생각의 표현은 편견을 가져올 수도 있다. 따라서 관찰을 바탕으로 그때의 느낌을 말하면서 결국은, 내 마음의 기본이 되는 욕구를 파악할 수 있다. 진정한 느낌의 표현은 상대의 공감을 불러올 수도 있고, 또 자기감정에 솔직해지면서 자유로움과 자신감을 느낄 수 있다. 느낌 표현이 선하고 자유로운 사람에게 끌리는 것은 인지상정이다.

평가 vs. 관찰	
- 나는 부당하게 취급받은 느낌이야.	- 그 사람이 존칭을 빼고 나를 부를 때마다 서운하고 짜증이 나.
- 그 아이는 나를 무시하는 것 같아.	- 그 아이가 내가 지시하는 대로 행동하지 않을 때마다 당황스럽고 두려워.
- 그 남자에게 위협당한 느낌이야.	- 그 남자가 나에게 소리를 지를 때마다 두려워.
- 나는 나쁜 엄마인 것 같아.	- 내가 연수를 받느라 주말마다 아이들과 있지 못해서 미안하고 안타까워.
- 그 남자는 너무 차갑다는 느낌이 들어.	- 그 남자하고 같이 있으면 불편하고 서먹해. 거리감도 느껴지고.

3) 진정한 마음의 소리, 욕구Need의 힘

같은 상황에서 주요하게 보는 점이 다르고 그에 따른 느낌도 제각각이다. 왜 그럴까? 느낌의 저변에는 욕구가 숨어 있기 때문이다. 내가 중요하게 생각하는 욕구에 의해 같은 상황에서도 다른 느낌을 받는 것이다. 어떤 사람을 미워하는 순간이 있다. 그 미움의 뒤에는 존중받고 싶었던 바람, 내가 좀 더 뛰어났으면 하는 바람, 그 사람과 좀 더 친해졌으면 하는 바람 등 그 원인이 다르다는 것이다. 이 욕구의 충족은 느낌을 유발하는 중요한 원인이 된다. 비폭력 대화에서 말하는 기본적인 인간의 욕구에는 자율성, 생존신체적, 사회적정서적, 상호의존적 연결, 놀이재미, 삶의 의미, 진실함, 아름다움평화, 자기구현이 있다.

특히 대화할 때, 느낌 뒤에 있는 욕구를 짚어 줄 때, 대화는 깊어지고 갈등 해결의 단서를 찾게 된다. 다음의 상황을 살펴보자.

상황 vs. 욕구	
- 어머니가 겨울마다 집이 너무 '춥다, 춥다' 하셔서 아버지께 보일러를 켜라고 말씀드려도 전기세가 많이 나온다고 켜지 않는다. '왜 그렇게 아끼시며 골병드느냐?'며 언성을 높이고 짜증을 내게 된다.	- **나의 욕구**: 어머니를 보살펴드리고 싶다. 두 분 모두 따뜻하게 지내게 해 드리고 싶다. - **아버지의 욕구**: 절약, 경제적인 안정, 아들로부터의 독립과 자립, 평생 아끼며 여기까지 살아왔다는 인정.

이 상황에서 아들은 추운 겨울에도 보일러를 켜지 않아서 주변 사람들 특히, 늙으신 어머니를 힘들게 하는 아버지에 대해

안타까움이 있다. 아버지의 고집에 짜증도 나고 화도 날 것이다. 이 마음의 밑바탕에는 어머니를 보살펴드리고 싶다는 마음과 부모님을 따뜻하게 해드리고 싶다는 욕구가 있다. 이런 욕구로 아버지와의 갈등에 지쳐서 용돈을 더 드리거나 집수리를 제안하거나 따뜻한 옷을 사드리거나 안 되면 어머니만이라도 겨울에 자기 집으로 모실 대안을 찾을 것이다.

그러나 이 상황에서 아들이 보일러를 켜거나 그 대안 행동에만 치중한다면 갈등은 사라지지 않는다. 여기서 아들은 '아버지의 깊은 욕구는 무엇일까?'를 생각해 보는 것이다. 고집스러운 아버지의 태도 뒤에는 분명히 아버지의 행동을 움직이는 깊은 욕구가 있을 것이다. 그것을 이해하는 순간 아버지와의 갈등이 바로 해결되지는 않더라도, 적어도 아버지에 대한 원망과 분노는 줄어들고 아버지의 욕구를 존중하면서 함께 해결책을 의논하게 될 것이다. 아버지의 인정 욕구를 읽을 수 있다면, "아버지, 아버지께서 이렇게 추운 날씨에도 보일러를 안 켜고 절약하시는 일이 아버지의 신념이시고, 평생 습관이시라는 거 알아요. 그렇게 아끼시면서 우리 뒷바라지하고 아끼신 것도 알고 늘 고맙습니다."라는 말로 아버지의 절약과 인정 욕구를 읽어 주고, 그다음 단계로 부모님을 잘 모시고 싶은 나의 바람을 진심으로 전달한다면 갈등 해결의 실마리가 갖추어질 것이다.

사람에게 욕구는 보편적이다. 그러나 그것을 드러내는 수단이나 방법은 저마다 다르고 이로 인해 갈등이 생기기도 한다. 내가 뭔가 잘할 수 있다는 힘을 느끼고 싶은 '독립과 자율, 효능감'

의 욕구를 부모님이 몰라주고 이렇게 저렇게 로봇처럼 조종하며 따르라고 강요하는 상황에서 아이들은 무기력감을 느끼고 반항이나 무력감으로 대응하는 경우도 종종 있다.

인간의 욕구를 발견하고 이해하며 더 나아가 읽어 주는 순간, 우리는 내면의 선한 욕구를 깨닫게 되고 마음의 평화를 얻을 수 있는 것이다.

4) 평화적인 내 마음의 전달, 부탁Request의 힘

부탁이란 자기 욕구를 깨닫고 자신이 원하는 삶을 구현하기 위해 구체적인 행동을 요청하는 것이다. NVC에 따르면 부탁에는 상대를 대화에 초대하는 '연결 부탁'내가 한 이야기에 어떤 생각이 드세요?, 구체적이고 긍정적인 행동을 의문형으로 부탁하는 '행동 부탁'약속한 시각에 오기 힘들 때는 최소한 30분 전에는 알려 주겠다고 지금 약속해 줄 수 있겠니?, 회의나 미팅과 같은 '그룹에서의 부탁'다음 주 수요일 3시에 회의에 참석하기 어려우신 분 있으신가요?으로 나누어 제시한다. 어떤 경우든 평화적으로 요청하는 것이다.

부탁은 갈등 상황에서 구체적인 관찰, 느낌, 욕구와 함께 전달하는 경우가 많다. 예를 들면, 학교에서 공부 시간에 발을 구르고 책상을 치며 "씨이~"라고 말하며 반항적인 행동을 보이는 학생이 있다고 하자. 그 학생이 감정이 가라앉을 때까지 기다리다가 조용히 대화를 시도하면서 교사의 마음과 욕구를 전달하며 부탁을 하게 된다.

관찰 “진영이가 수업 시간에 친구들 앞에서 발을 구르고 책상을 치며 ‘씨이~’하는 것을 보았어.”

느낌 “선생님은 당황스럽고 속상하고 또 걱정스러워.”

욕구 “선생님은 존중받고 싶단다. 또한 네 이미지가 좋게 되었으면 좋겠어.”

연결 부탁 “내 말을 듣고 어떤 느낌이 드니?”

행동 부탁 “불만이 있을 때나 속상할 때라도 선생님을 존중해 주면서 네가 바라는 점을 표현하면 좋겠구나. 한번 생각해 보렴.”

이때 이것을 받아들이는 학생의 표정이 여전히 좋지 않을 때, 표정에 초점을 두고 훈계를 시작하면 부탁까지 잘 듣고 있던 학생이 엇나가게 되고 만다. 따라서 이후 아이의 반응이 내가 기대한 대로 나오지 않더라도 조용히 말을 들어 주는 것만으로 아이의 마음에 내 마음과 욕구가 전달된 것이니 기다릴 필요가 있다.

온전히 나의 마음과 욕구를 전달하고 부탁하는 것이 강요가 되지 않게 하려면 상대의 반응에 열려 있어야 한다. 특히 이런 부드러운 표현에 익숙하지 않은 사람들은 평화적인 부탁이 당황스러울 수 있다. 하지만 ‘한번 생각해 보세요.’라는 연결 부탁으로 많은 여지를 줄 수 있고 상대를 누그러뜨릴 수 있다.

이러한 일련의 비폭력 대화의 과정은, 대인관계에서 수시로 일어나는 다양한 감정에 대해 자신이 주인이 되어 통제권을 갖는, 나아가 상황을 평화롭게 만드는 막강한 힘이 될 수 있다. 조심할 것은 기계적인 나—전달법이 아니라, 상대의 이야기를 경청하고 나와 상대의 느낌과 욕구를 이해하고 되돌려 주는 과정이다. 어쩌면 진정성이 중요하다.

또한 비폭력 대화를 훈련하는 과정에서 가장 기본이 되는 것은 공감 훈련이다. 마음을 비우고 자신의 존재 전체로 상대의 말마음과 욕구을 들어 주는 것 자체가 친밀감 형성과 더불어 감정의 정화, 치유의 힘이 있음은 두말할 나위가 없다. 그리고 가장 중요한 공감의 대상은 바로 '나 자신'임을 아이들이 이해할 때 아이들의 삶은 평온, 평화 속에 행복할 수 있을 것이다.

수업 활동 _ 기린의 말로 대화하기

8차시에서는 기린의 귀로 듣기, 즉 경청의 중요성과 그 실천을 연습했다. 그 활동을 바탕으로 9차시에서는 기린의 말로 대화하기로 본격적인 '비폭력 대화'를 가르친다. 어떻게 하면 아이들에게 생생하고 재미있으며 의미 있는 수업이 되도록 할 수 있을까 고민했다. 그러다가 여러 가지 발표가 끝나고 지난 시간 경청에 관해서 이야기를 나누는 데 두 여학생이 수군수군 말하며 집중하지 않는 것이 눈에 들어왔다. 순간, 수업 자료로 이 상황을 활용해야겠다는 생각이 들었다.

"거기 두 사람, 일어나 볼래?"

평소에 꾸중한 적이 별로 없어서 아이들이 뭔 일이지 하며 어리둥절해 하고, 일어나는 아이들도 얼떨떨해한다.

“너희 둘, 너희는 학교 왜 오지?”

“예? 공부하려요…….”

“공부하러 오는 학생이 수업 시간에 집중 못 하고 그렇게 둘이 수다 떨고 방해해도 되니?”

“……아니요.”

“할 얘기 있으면 쉬는 시간에 하란 말이야. 학생이 말이야, 응, 수업에 열심히 참여를 안 하면 여기 올 이유가 없지. 계속 그러려면 아예 이 교실에 오지 마. 알았어?”

주변은 쥐 죽은 듯이 고요해지고 두 아이는 얼굴이 붉어지면서 어쩔 줄 모른다.

나는 한숨을 쉬며 “자, 선생님이 이렇게 말하니까 두 사람, 선생님 말 들으면서 어땠나요?” 하고 상황을 전환한다. 아이들은 대부분 크게 한숨을 내뱉더니 가슴을 쓸어내린다. 다행히 웃으면서 재잘재잘 말하기 시작한다.

“어휴, 깜짝이야. 선생님, 진짠 줄 알았어요. 아직도 가슴이 쿵쾅거려.”

“선생님, 연기 짱이다. 그런데 정말이에요, 아니에요?”

“글쎄요. 조금만 정말이라고 해야 하나? 깜짝 놀랐지요? 미안. 자 두 여학생, 조금 말하고 있기에 일으켜 세워서 선생님이 이것저것 잔소리했는데, 어땠어요?”

아이들은 웃으면서도 아직 충격에서 벗어나지 못한 듯 있다가 놀랐다, 당황했다, 의아했다, 억울했다, 미웠다, 화가 났다, 분노가 일어났다 등 다양한 감정을 표현한다. 아이들의 감정을 칠판에 적으며 말한다.

"이 감정은, 선생님이 아까 '폭력 대화'를 했기 때문에 일어난 거예요."

그러자 몇몇이 "아하, 폭력 대화의 반대가 '비폭력 대화'구나." 하면서 수업 주제를 찾아낸다. 다음으로 비폭력 대화에서 어떤 것을 배울지를 물었다. 아이들은 곧, '비폭력 대화를 어떻게 하는가?', '비폭력 대화의 방법은 무엇인가?' 등 배울 문제까지 능숙하게 찾아낸다.

비폭력 대화의 방법

기린의 대화가 곧 비폭력 대화이며, 비폭력 대화에는 방법이 있음을 말한다.

"얘들아, 비폭력 대화의 4단계는 관찰, 느낌, 욕구바람, 부탁이야. 선생님이 예를 들어 설명해 볼게."

"선생님이 어젯밤에 과일과 간식을 준비하고 방에 있는 아들을 불렀어. 내가 '○○야, 간식 먹어라.' 했지. 그런데 답이 없는 거야. 그래서 또 반복했고, 대답이 없어서 못 들었나 싶어서 한 번 더 큰 소리로 말했지. 그러자 '아, 짜증 나.' 하는 거야. 선생님 감정이 어땠을까?"

"와, 사춘기다. 화나고 속상했겠네요."

"응, 그렇지. 생각 같아서는 '뭐라고? 이리 나와!' 하고 등짝 스매싱을 하고 싶었지만, 그러면 어떻게 될까?"

"관계가 멀어지죠."

"맞아. 아마 며칠 서로 말을 안 하겠지. 그래서 일단 선생님은 화가 가라앉을 때까지 참고 거실에서 아들을 뺀 식구들과 과일을 먹었지. 시간이 좀 지나고 아들이 물을 마시러 나오더라고. 그래서 여기 와서 앉아 보라고 했지."

"음……, 비폭력 대화는 화날 때 하면 안 되는구나."

"맞아, 서로 감정이 어느 정도 가라앉고 나서 갈등을 해결하고 싶을 때 하는 것이지. 그래서 선생님은 아들한테 옆에 앉아 보라고 했지. 그리고 말했어. 비폭력 대화로."

"어떻게요?"

"우선 이유를 들어 봤지. 그러자 지구 사랑의 날 기념 포스터 숙제를 해야 하는데 잘 안 그려져서 짜증 나 있었대. 간식 먹으라고 자꾸 말하니 더 짜증이 났다고 하네."

"하지만, 그렇게 말하면 안 되지요."

"그렇지. 그래서 비폭력 대화로 이렇게 말했지.

먼저 관찰하기. 이때는 평가하지 말고 있는 사실을 그대로 말해요. '○○야, 아까 엄마가 세 번이나 간식을 먹으라고 말했는데, 네가 답을 안 했어. 그래서 엄마가 못 들었나 싶어 더 크게 말했는데, 네가 '짜증 나'라고 말했지.'

다음으로 느낌 말하기. 생각이 아닌 감정을 말하는 거예요.

'그래서 엄마는 너무 당황하고 속상했어.'

욕구를 말할 때는 진정으로 바라는 점을 말해요. '엄마는 너에게 존중받고 싶고, 예의 있게 대우받고 싶어.'

마지막으로 부드럽고 정중하지만 단호하게 부탁할 내용을 말해요. '네가 사정이 있었다는 것은 이해했어. 하지만 들었으면 대답을 해서 네가 들었다는 것을 알려 주면 더 이상 안 부르겠지? 아울러 지금 하는 숙제를 마치고, 이따가 먹겠다고 얘기해 주면 더 좋겠구나.'"

아이들은 고개를 끄덕이며 관찰, 느낌, 욕구, 부탁이 무엇인지 짐작하기 시작한다. 이런 사례는 가르칠 때마다 내가 겪은 사례를 아이들에게 다양하게 소개한다. 교사가 자신의 삶을 조금씩 노출할 때 아이들도 마음을 연다. 무엇보다 선생님도 자기처럼 가족과 갈등을 겪고, 그것을 하나씩 풀어 가는 똑같은 입장이고, 우리는 모두 이렇게 다양한 갈등에 놓이며 배우는 입장임을 이해하길 바란다.

모든 요소가 중요하지만 특히 '느낌'과 '욕구' 찾기를 실습하기 위해, 아이들이 가장 공감할 만한 사례를 활동지에 제시하였고, 각자 읽어 보고 느낌을 쓰도록 했다. 팀을 나누어 느낌 찾기를 연습하였다. 약간의 경쟁은 아이들이 짧은 시간 안에 많은 느낌을 찾을 수 있게 만들기에 세 개 팀으로 나누어 돌아가면서 느낌을 말하도록 하였다. 상황1)과 상황3)을 대표적으로 연습했다. 느낌을 계속 다루고 있기에 느낌을 찾는 것에 아이들이 어려워하지 않는다.

상황3 내가 충분히 할 수 있는 일인데, 엄마가 내 행동이 느리다며 다 해 주고는, 거북이처럼 느려서 세상 어떻게 사냐며 잔소리를 하신다.

이 상황에 대해 아이들이 찾은 느낌은 다양하다. 당황, 황당, 어이없음, 서운함, 섭섭함, 미움, 증오, 슬픔, 우울, 좌절, 절망, 실망, 짜증, 분노, 화, 울화 등이다.

이어서 욕구를 찾는다. 엄마가 나를 존중해 주고, 이해해 주고, 인정해 주고, 믿어 주고, 좀 기다려 주고, 내 자유를 인정해 주고, 내가 스스로 하게끔 놔두고독립과 자율, 진정으로 돌봐 주고, 엄마가 좀 평온하게 대했으면 좋겠고, 나를 배려했으면 좋겠고, 있는 그대로 인정하고 수용했으면, 사랑했으면 등등 많은 욕구를

'기린의 말로 대화해요' 수업 장면

찾아낸다.

"와, 정말 잘 찾네. 그럼, 상황1)과 상황3)의 느낌과 욕구를 찾아보니, 어떤 공통점이나 차이점이 있을까?"

"느낌은 좀 안 좋은 것이 많고 부정적인 게 많네요. 그런데, 바람욕구은 상황1)이나 상황3)이 모두 비슷해요. 신기하다."

"맞아. 우리가 느끼는 감정은 아주 다양하지만, 욕구는 서로 매우 비슷해요. 이해받고 싶고, 사랑받고 싶고, 인정받고 싶고, 자유로워지고 싶고, 성장하고 싶고. 사람들의 바람은 같은 것으로 통해요. 그것을 알아주고 읽어 주면 대화가 좀 더 쉬워지지."

비폭력 대화 연습하기

마지막으로 자기 사연을 간단히 쓰고 비폭력 대화를 연습하도록 한다.

"자, 이제 비폭력 대화 테스트입니다아이들에게 약간의 긴장감을 주기 위해 테스트라고 말한다. 여러분이 겪은 상황을 간단히 쓰고 그것을 비폭력 대화 순서로 한번 표현해 보세요."

가끔 사연이 생각이 나지 않는다면서 고민하는 아이도 있다. 그럴 경우에는 활동지의 상황2)를 보고, 그 경우라면 약속한 장난감을 사 주지 않는 엄마께 비폭력 대화를 활용해서 어떻게 말할 것인지 생각하도록 한다. 중요한 것은 상황을 찾는 것이 아니라 연습이기 때문이다.

빠르게 이해하고 빠르게 완성하는 아이가 있다. 친구들이 쓰고 있는 동안 발표하면서 참고가 되도록 할 수도 있다. 느낌과 욕구를 혼동하는 아이도 있다. 그럴 때는 그 자리에서 수정해서 도와주면 대부분 금방 이해한다.

가장 인상 깊었던 내용이 있다. 반에서 회장을 맡은 학생이었는데, 스트레스가 많았는지 회장직을 맡으며 친구들에게 서운했던 점을 발표했다.

"친구들아, 너희가 나에게 '회장이 왜 저래.'라는 말을 종종 해. 그럴 때마다 나는 속상하고 서운해. 회장이기 전에 너희 친구인데, 좀 이해해 주고 나를 존중해 주었으면 좋겠어. 나도 열심히 할 테니, 좀 실수하더라도 도와주고 이해해 주면 어때?"

발표하는 아이가 갑자기 울먹이자, 그 말을 듣고 아이들이 숙연해진다. 아이 중 "미안해." 하며 진심으로 말하는 아이도 있다.

용기 있게 현재의 큰 고민을 말한 아이도 멋지고, 그 마음에 공감하고 발표한 아이의 눈물을 보고 침묵하며 들어 주다가 미안하다고 진심으로 말하는 아이도 멋지다. 아이들은 애초에 이렇게 선한 마음 바탕을 가지고 태어나는 것 같다.

의사소통에 대해서 아이들에게 가르치기도 하고 동료 선생님을 대상으로 연수도 하며 심지어 책까지 썼다. 하지만, 실전에서는 성공하지 못할 때도 많고 아는 것이 병인지라 내 대화 패턴이나 말투 등을 제삼자의 눈으로 바라보며 자괴감을 느낄 때도

-(관찰) 엄마께서 옆집 아이한테는 잘한다고 하지만 저 한테는 못한다고 비교하세요.

-(느낌) 그때 저는 무시 당하는 거 같고 공부를 열심히 했는데 속상하고 섭섭했어요.

-(욕구) 전, 엄마께서 저의 마음을 이해해주셨으면 좋겠어요.

-(부탁) 저에게 용기를 실어주셨으면 좋겠어요.
저도 앞으로 열심히 하도록 노력할게요.

상황: 영어학원 새학기가 되니 반 친구들과 잘지내고 싶은데, 반 아이들이 편 먹고, 나를 놀려서 하지말라고 했는데 계속했다.

-(관찰) 지난 두달동안 너희가 나를 계속 놀리더라. 그것도 4학년짜리가 (6학년짜리와 함께..)

-(느낌) 그럴 때마다 너무 짜증나고, 나를 무시해서 분노가 치솟았어.

-(욕구) 나는 존중 받고 배려 받고 싶어.

-(부탁) 이제 놀리지말고, 내가 싫은 점이 있으면 말로 해줘. 나는 너희와 같이 즐겁게 지내고 싶어.

상황: 3총사 친구가 나만 빼고 둘끼리만 손잡고 다닌다. 그리고 둘이서 놀았던 얘기를 나한테 자랑하듯이 얘기한다.

-(관찰)
너희가 놀았던 얘기를 둘끼리만 하면 되지 꼭 나있는 앞에서 말하고, 둘이만 다니더라.

-(느낌)
그럴 때 속상하고 기분이 나빠.

-(욕구).
난 너희들의 말을 다 받는 사람이 아냐, 너희들에게 이야기 해보고 싶어.

-(부탁)
그러니 나도 같이 놀고 너희들끼리 놀았던 얘기는 둘끼리만 해주면 좋겠어.

상황: 부모님이 항상 직장에 나가셔서 저녁에 나혼자 있다.

-(관찰) 항상 엄마는 직장에 나가셔서 저녁 10시에 들어와서 학원이 끝나면 집에 혼자 있어서 외롭다.

-(느낌) 외롭고, 속상하고 보고싶다.

-(욕구) 다른 내친구들은 부모님이 저녁에 계셔서 친구네 집에서 저녁에 놀다오면 그리워.

-(부탁) 앞으로 조금만 일찍오면 좋겠어

비폭력 대화 연습 활동

많다.

대화는 기술이기 이전에 마음이고 인격이기에, 거짓 공감이나 거짓 경청, 조종의 대화는 오히려 관계를 꼬이게 만들 수 있다. 巧詐不如拙誠교사불여졸성이라는 말이 있다. '교묘한 거짓은 졸렬한 성실에 미치지 못한다'는 말로, 연설을 아무리 화려하게 치장해도, 어리석고 졸렬하지만 성실하고 진정성 있는 사람을 이기지 못한다는 뜻이다. 대화도 마찬가지다. 인간관계에서 벌어지는 일상의 갈등을 잘 풀어서 함께 행복해지기 위한 방법의 하나인 이 대화 또한 교사불여졸성이다. 화려하고 한껏 치장한 대화보다는 어눌하고 서툴지만 상대를 존중하면서 자신의 진심을 말하는 대화가 마음을 더 행복하게 하고, 정서적인 포만감을 느끼게 한다. 비폭력 대화를 기술이 아닌 태도와 마음으로 배웠으면 하는 바람이다.

자유 메모

저는 기린의말로 대화해요가 가장
재미있었어요. 왜냐하면, 온지 마지막
시간이여서 뜻깊으고 재미있었어요.
이 기린대화를 평소에 이용하고
생각해야겠어요. 언제나 도덕시간이
재미있어요. 다음시간에 봐요.
이때까지 가르쳐주셔서 감사합니다.
선생님 별 4개 주세요.

비폭력 대화 활동 소감

활동을 하면서 느낀 점

이 활동을 하면서 느낀 점은 평소에
내가 친구들이 대화할 때 친구에 말을
듣지 않아서 이야기를 들어도 "뭐!?"
라고 물어봐서 친구들이 불편해한 것
같은데 나를 좀 반성해야겠다. 나도
다음부터 친구들과 공감하게 대화하
는 태도를 가지고 즐거운 생활을 해
야되겠다. 공감이란 것은 정말 놀랍
다는 생각이 들었다. 이 활동은 나의
좋은 생활습관 바로잡은
활동이었다.

비폭력 대화 활동 소감

치유 수업 후에

인성교육 수업에 있어서 놓치지 말아야 할 것들

또 다른 공간, 쌍방향 온라인에서의 인성교육

매해 반복되는 인성교육 프로그램이지만, 해마다 전년도에 했던 것을 그대로 하는 적은 없다. 기본 틀은 유지하지만 아이들이 달라지고 내 삶에서 중요시하는 방점이 달라지니 프로그램 또한 조금씩 수정이 된다. 하지만 2020년, 2021년은 코로나19라는 초유의 사태 속에서 교육의 형식이 달라졌다.

온라인 학습 시작기였던 2020년에는 주로 인성교육 자료를 프레젠테이션으로 재구성하고 몇 번의 시행착오를 거쳐 녹화한 것을 공공 플랫폼에 동영상으로 올렸다. 사실 전문 녹화가 어렵기에 녹화 툴을 사서 녹화를 반복하면서, 10~15분 분량을 녹화하는 데 1~2시간을 소모하기도 했다. 이것을 요즘은 '마이크로티칭'이라고 하며 더욱 효과적인 전달 방법을 논의하고 있다. 이때 중요한 것은 아이들에게 일방적으로 전달되는 수업이기에 아이들이 잘 반응하는지 검토하고 나름의 피드백을 해 주어야 한다는 점이다. 학급 채팅 글이나 온라인 설문지, 온라인 학습지를 링크시키고 아이들이 반응을 올리도록 한다. 이것을 보고 아이들이 잘못 이해하거나 어려워하는 것 즉, 오개념과 난개념을 잡아 주는 피드백이 중요하다. 하지만 일방적인 수업이고 자율성은 잘못하면 방임으로 이어질 수 있기에 많이 고민한 수업 방식이었다.

2021년이 되어, 본격적으로 온라인 수업을 실시간 쌍방향 수업으로 진행하게 되었다. 많이 쓰는 도구는 단연 ZOOM이고 E 학습터의 화상 강의, 네이버의 웨일온 등 다양한 플랫폼도 넘보고 있다. 코로나가 끝나길 빌며 한 주는 등교 수업, 한 주는 실시간 쌍방향 온라인 수업으로 진행한다. 따라서 프로그램은 또 수정을 거친다. 이렇게 기존 프로그램을 온라인과 오프라인에 맞게 자유롭게 오가며 재구성할 수밖에 없다. 그리고 쌍방향 온라인 수업이라는 말이 무색해지지 않도록 다양한 온라인 툴을 활용하는 수업 기획도 중요하다. 이런 사전 과정과 수업, 평가, 피드백을 '블렌디드 러닝 수업'이라고 부른다. 공간의 확장이고, 도구와 형식의 확장이다. 처음은 낯설고 어려웠지만, 이제는 듀얼 모니터로 한쪽은 아이들을 확인하고 한쪽은 다양한 수업 자료를 띄워 가며 수업을 한다.

온라인으로 하는 쌍방향 인성교육이 과연 효과가 있느냐고 묻는다면 나는 '예'로 답하겠다. 물론, 당연히 서로 얼굴을 보고 직접 만나서 진행하는 오프라인 수업이 정말 수업일 것이다. 수업을 계획하고 들어가지만, 아이들과 교사, 아이들과 아이들 간의 다양한 상호작용 속에서 수업은 뜻하지 않은 아름다운 방향과 배움으로 나아가는 희열을 느낄 때가 종종 있다. 그래서 수업은 기술이 아닌 예술이라고 한다. 하지만 코로나19로 인해 방역이 강화된 교실에서 이루어지는 수업은 교사에게도 아이들에게도 버겁고 힘들다. 우선 책상에 투명 가림판이 설치되어 서로가 차단되어 있다. 아이들이 눈만 내놓은 채 마스크를 쓰고 있으니 얼굴 전체 표정을 잘 알기가 어렵다. 물론 익숙해지니 눈만 보고도 그 감정을 읽는 놀라운 경험을 하기도 한다. 하지만 소리 작은 아이들에게 재차 물어보며 상호작용하는 것도 힘들고, 마스크 너머로 우렁차게 목소리를 전달하다 보면 마스크 속에 땀이 흥건하게 배어 화장한 얼굴로 수업하는 것은 꿈도 못 꾼다. 무엇보다 소집단 활동을 하고 싶은 마음이 굴뚝같은데, 방역이 강화되는 시점에서는 대부분을 개별 활동으로 돌려야 한다. 수업 내용을 전달하는 것도 상호작용하는 것도 제약이 많은 오프라인 학습이 되어 안타까울 때가 많다. 하지만 수업에 참여하지 않거나 과제를 하지 않는 학생에게 즉각적으로 개입할 수 있으니 오프라인 중심의 수업이 맞을 것이다.

2021년 대부분의 교사는 온라인에서도 오프라인 수업 못지않게 상호작용을 하려고 노력했다. 나 또한 인성 수업을 어떻게 온라인으로 할까 많이 고민했고, 그 고민은 수업 기획, 설계로 이어졌다. 5학년 '친절한 행동'을 기획한 기획문을 보면 온라인 인성 수업이 어떻게 이루어지는지 짐작할 수 있을 것이다.

1. 마음별 두드림 버츄 확인(4명)

발표 예: "제가 선택한 미덕은 '자율'이고, 실천계획은 엄마가 잔소리하시기 전에 제가 할 일을 알아서 해 나가는 것입니다"

2. 내가 좋아하는 친구의 모습 릴레이 발표하기(전체)

발표 예: "저는 저와 코드가 맞는 친구가 좋습니다."

3. 친절한 행동에 대해서 학급별 정의 내리기

- 줌에서 아이들과 '친절한 행동 하면 떠오르는 말이나 장면' 물어보고 학습장에 기록하도록 안내하기
- 온라인 툴: Menti meter 워드 클라우드 작성하기

4. 소개할 책 제시하기

- 온라인 툴: 지그소우 퍼즐로 온라인상에서 함께 책 퍼즐 맞추기

5. 책 표지 보면서 주인공 유추, 상황 유추하기

- 질문: 주인공은 가해자인가 피해자인가? 주인공의 감정은? 주인공의 감정을 알 수 있는 단서는?

6. 동화 녹음자료 보기, 보면서 질문 만들기

- 온라인 자료: 사전에 녹화 툴을 활용하여 동화(6분으로 편집

한 동화) 들려주며 두 주인공에게 질문 쓰기

7. 두 주인공의 심정 이해하기 인터뷰 활동

- 뜨거운 의자 기법 시범: 한 명이 주인공이 되고 나머지는 질문하기
- 온라인 툴: ZOOM 소회의실에 4인 1조로 배정하여 뜨거운 의자 실습하기

8. 시간을 돌린다면?

- 온라인 툴: ZOOM 채팅에 '내가 주인공 반 학생이라면 어떻게 할 것인가' 의견 쓰기
- 인상 깊은 학생들의 의견에 대해서 전체로 이야기 나누기
- 진정한 친절에 대해서 정리하기

9. 우리 반을 위한 친절의 한 걸음, 두 걸음

- 온라인 툴: 패들렛이나 줌 채팅방, 또는 잼보드에 친구들을 위해서 내가 실천할 친절한 행동 올리기

쌍방향 플랫폼 속에서 전체, 소그룹, pair work가 가능하다. 민얼굴로 아이들은 활발하게 활동을 한다. 아울러 다양한 온라인 툴로 수업에 흥미를 갖고 참여하도록 한다. 아이들이 올리는 단어가 그대로 글자 이미지로 집계가 되는 menti meter의 워드 클라우드, 책을 소개하는 부분에서 적용하는 실시간 온라인

퍼즐 맞추기, ZOOM의 실시간 채팅, 교사가 미리 녹화한 온라인 자료, 아이들 개인이 의견을 올리며 전체 공유가 가능한 게시판과 같은 패들렛, 잼보드, 구글 프레젠테이션 등 다양하게 활용이 가능하다.

하지만 과유불급이라는 말처럼, 온라인 툴을 너무 과하게 쓰면 자칫 수업을 산만하게 만든다. 한두 개만 활용하더라고 학생들이 집중해서 상호작용하게 하는 것이 더욱 가치 있는 수업이다. 비폭력 대화를 가르칠 때, ppt도 준비하고 경청과 관련된 동영상도 준비하면서 아이들과 수업했다. 하지만 아이들이 가장 즐겁게 또 진지하게 참여한 순간은, '아름다운 데이트'에서 2인 1조로 소회의실을 열어서 두 명이 서로 요즘 자신의 고민을 말하고 들으면서 경청을 실습하는 순간이었다. 랜덤으로 배당되어 만난 친구와 얼굴을 보며 쑥스럽지만 이야기를 나누면서 아이들이 서로의 고민이 비슷하다는 것을 알고 서로를 위로하고 공감하는 것을 경험하는 것을 보았다. 교사는 물론 이런 소회의실을 개설하고 아이들이 활동하는 동안 열심히 소회의실을 들락거려야 한다. 사실 소회의실을 들락거리며 아이들의 활동 상황을 체크하고 가끔 조정하거나 시작의 풀무질을 하는 것에 에너지가 많이 들기도 한다. 하지만 소회의실 활동에 익숙해진 아이들이 주어진 토론, 토의 과제나 활동 과제를 척척 해 나가는 것을 보면 아이들의 적응력은 우수하다는 생각을 새삼 하게 된다.

아이들에게 요구되는 문제 해결력을 가진 창의적 인간상은, 교사들에게도 요구된다. 다양한 상황에서 온라인과 오프라인을 넘나들며 전천후로 수업을 준비하고 실행하는 나날이 참 쉽지가 않다. 코로나가 어떻다 해도 수업은 계속 잘 돌아간다.

코로나로 인한 기초 학력 부진보다 더 심각한 인성 및 정서 교육, 사회성 교육의 지체를 해결하기 위해 오늘도 고민은 계속되고 있다.

보상에 대한 아이들과의 갈등 해결

나에게는 별명이 있다. 초콜릿 선생님, 엉이 선생님이다. 잘하는 학생에게는 개별로 포장된 사탕 크기의 초콜릿을 주고, 몇 번의 경고에도 불구하고 수업에서 의도적으로 나태하게 행동하거나 친구들을 존중하지 않는 행동을 보이는 학생에게는 '엉덩이로 이름 쓰기' 벌칙을 제안해서다.

그런데 아이들은 초콜릿 선생님이라는 말에 기대하는 표정을 짓는 만큼, 엉이 선생님이라는 말에도 묘한 표정으로 눈을 반짝인다. 물론 모범적인 학생들은 '엉이'라는 말의 의미를 알고는 난감한 표정과 굳은 표정을 짓기도 한다. 그러면서 내가 빙글빙글 웃으며 반응을 기다리면, "성희롱 아니에요?"라고 반발하거나 "정말이에요?"라거나 심지어 "시키면 신고할 거예요." 하고 협박도 한다. 짓궂은 친구들은 "얼마든지 할 수 있어요. 지금 할까요?" 하고 엉덩이를 흔들기도 한다. 그럼 나는 장난스러운 표정으로 "그럴 줄 알고, 선생님은 엉이 벌칙에 걸린 학생들은 모아서 같이 손을 잡고 1학년 교실로 갑니다. 1학년 교실 앞에 가서 엉덩이로 이름 쓰기를 시킵니다. 이것을 '엉이 페스티벌'이라고 하지요." 이 말에 괜찮다고 하는 아이는 드물다.

먹구름 낀 아이들의 얼굴에 안심할 수 있는 한마디를 던진다. "아, 그런데 …… 선생님이 엉이 페스티벌을 그렇게 열고 싶은데, 걸리는 사람이 없다는 것이지요. 이 벌칙을 만들고 엉이 페스티벌을 한 것은 7년 전 딱 한 번 6학년 1반 전체에서 있었어요. 경고했음에도 불구하고 단체로 말대꾸를 하고 하도 규칙을 어겨서 말이지. 그다음에는 걸리는 사람이 없단 말이지요." 그제야 아이들의 얼굴에 안도의 빛이 감돈다. 가끔 학생들을 놀리는 것에 재미를 느낄 때가 있지만, 너무 과하면 안 되고 수업에 긴장을 갖고 참여하는 것은 나도 원하지 않는다. '엉이 페스티벌'은 그렇게 아이들 사이에서 유명무실한 믿거나 말거나 벌칙이다. 그래서인지, 내가 지나가면 저학년 아이들이 "엉이 쌤이다." 하면서 만면에 웃음을 띤다.

'초콜릿 선생님'의 명성은 사실 엄격한 내 이미지를 조금 개선하고자 하는 나름의 전략이었다. 일주일에 한 번 만나는, 그것도 수석 교사라는 거리가 먼 입장에서 아이들에게 어떻게 다가갈까 고민이었다. 초콜릿이라는 이미지는 대체로 달콤하고 기분 좋은 이미지다. 사탕도 좋고 비타민도 좋지만, 초콜릿이 주는 약간의 달콤함은 아이들의 기분을 좋게 만드는 효능이 있다. 내가 《찰리와 초콜릿 공장》로알드 달 지음, 퀜틴 블레이크 그림, 지혜연 옮김, 시공주니어, 2019의 윌리 웡카처럼 공장을 운영한다면 많이 나누어 주고 싶지만, 전교생을 가르치는지라 경제적으로 모두에게 주기가 어렵다. 그리고 보상이나 감사의 의미도 있기에 초콜릿을 교육에 잘 활용한다.

대학교 때 다양한 교육 사조를 접하면서 나는 인간 중심 교육을 하는 교사가 되겠다고 생각했다. 하지만 막상 나와서 교사로서 학급을 운영하다 보니 적절한 보상이 효과적이라는 점을 느끼고 다양한 점수제, 스티커제 등 아이들의 바람직한 행동을 명료화하고 강화하는 데 초점을 두는 나 자신을 발견하게 되었다. 하지만 《모래밭 아이들》하이타니 겐지로 지음, 햇살과나무꾼 옮김, 양철북, 2008이라는, 행동주의 보상과 처벌의 문제를 적나라하게 다룬 책을 읽고 다시금 나 자신을 돌아보게 되었다. 여전히 먹을 것으로 아이들을 조종한다는 의미보다는 그냥 아이들과 친해지고 가까워지고 싶다는 내 마음의 전달, 가끔 심부름 등 나를 도와주는 행동에 말로만 고맙다고 하기보다는 이렇게 초콜릿 하나라도 건네며 마음을 전하는 수단으로, 또 늘 소외된 듯한 아이에게 다양한 이유를 들어 초콜릿을 주며 격려하고픈 인간적인 정을 전달하려는 수단으로 해마다 많은 초콜릿을 산다. 가끔 확인차 “이 초콜릿이 조종의 수단이라고 생각해요?”라고 물어본다. 아이들은 뭔 소리냐는 표정으로 많이 줄수록 좋단다. 집에서 사 먹는 초콜릿보다 맛있고 뭔가 뿌듯하게 먹는다는 말을 계속 믿어 왔다.

하지만 나의 이러한 생각에 제동을 건 사건이 발생했다.

적당한 승리욕과 제어력을 가진 재미있는 5학년이었다. 이

책에서 제시한 활동 외에, 다양한 감정 게임을 기획하여 수업을 운영했다. 모둠끼리 겨루어 총 3가지 게임을 하면서 가장 점수가 높은 모둠에 초콜릿을 주기로 하고 게임을 진행했다. 코로나19로 아이들이 자유롭게 움직일 수 없으니 한 팀을 한 줄 단위로 정했다. 그 반은 아이들 간 유대감이 있으면서도 잘하고자 하는 마음이 크지만 겉으로는 그것을 잘 표현하지 않는 아이가 많았다. 모범적인 느낌이지만 속마음을 잘 표현하지 않고 내면의 승리욕이 강했다.

게임이 진행되는 동안, 다른 반에서는 느낄 수 없는 이상한 분위기가 감지되었다. 여학생들만 모인 팀이 감정 알아채기 게임부터 잘해 나가는 것을 남학생만 모인 팀이 감지하고는 작은 것 하나부터 트집 잡기 시작했다. '골고루 시키지 않는다', '왜 재들은 정확하지 않은데 맞는다고 하냐?', '그런 것을 맞히는 재들이 이상한 거지, 우리가 그런 것을 어떻게 맞히냐' 하더니, 텔레파시 게임에서도 자기네 조한테만 어려운 것을 냈다는 둥 생트집을 잡기 시작했다.

처음에는 일일이 답해 주다가 본인들이 불리하니 그렇겠구나, 이런 좌절의 감정도 극복하는 경험이 필요하다 싶어서 '게임 진행자를 믿고 따르라'는 주문과 함께 게임을 진행했다. 말이 끝나기가 무섭게 자기를 무시한다면서 눈을 흘기고 발까지 굴렀다. 생각지도 못한 반응에 아이들도 나도 당황했다. 전체 분위기도 수습하고, 한편으로는 그 아이가 점점 감정을 수습하지 못하는 느낌이 들어 그 아이가 감정을 수습하도록 돕기도 해야 했다.

결국 세 번째 게임에서도 제대로 해내지 못했고, 아이들은 기분의 시소를 경험하며 게임을 마쳤다. 아쉬우니 2등 한 팀도 초콜릿을 주자고 했다. 그러자 "왜 2등을 주냐?"며 불공평하다 외치더니 책상을 쳤다. 이 순간을 간과하는 것은 불손한 행동을 인정하는 것이다. 단호하게 행동을 멈추게 하고 훈계했다.

"지금 속상한 마음은 알겠어요. 하지만 우리 팀이 져서 속상한 팀이나 친구들이 너희만 있는 것은 아니야. 여기 제일 점수 획득을 못 한 친구들도 지금 좌절되지만 참고 참여하고, 또 이렇게 지는 날도 있지만 이기는 날도 있고, 그러면서 우리 마음이 자라는 것이지요. 늘 우리 편이 최고이고 이겨야 한다는 생각은…… 아닌 것 같은데? 지금 중요한 것은 이러한 감정을 누가 더 맞히느냐가 아니라, 이 과정에서 일어나는 내 감정을 잘 다스리는 것도 배운다는 것입니다."

감정은 조금 가라앉았지만, 동조하던 앞뒤 친구들과 달리 여전히 감정을 수습하지 못하는 것 같았다. 쉬는 시간이 되어 잠깐 보자고 하니 묵묵부답이고 가까이 가서 같이 가자고 하니 갑자기 울음을 터뜨렸다. 당황과 안타까움이 함께 밀려왔다.

"시우가명가 혼자 선생님이랑 이야기하면 어려울 것 같으니, 혹시 시우랑 같이 선생님 사무실로 와서 이야기할 사람 있어요?"

혼날 것 같아서인지 앞뒤에 앉아 동조하던 아이들은 쏙 빠지며 자신들은 불만이 없다고 했다. 회장이 나섰고, 앞에 앉은 아이에게 부탁해서 담임 선생님께 허락을 받고 수석 교사실에 와서 이야기를 풀어 나갔다.

"제가 속한 팀은 한 번도 진 적이 없어요. 체육 시간에도 제 팀은 늘 막강한데, 이렇게 지니까 너무 억울하고 분해요."

한 번도 진 적이 없다는 아이의 말에 조금 어이가 없었다. '나는 늘 강하고 늘 최고다'라고 생각하는 이 마음은 어디서 온 걸까? 문득 좌절되는 상황에서 낙관하는 태도를 갖고 부정적인 감정을 잘 다스리는 감정 관리가 어려운 아이들이 늘어나고 있다는 생각이 들었다. 아이가 울도록 내버려 두었다. 어느 정도 울고 나서 티슈를 주고 이야기를 계속했다.

"오늘, 진다는 것이 무엇인지 경험했구나. 그동안 엄청나게 운도 좋고 실력도 좋았네."

옆에 있는 아이가 말한다.

"우리 팀도 잘하지 못했지만, 그래도 난 재미있었는데……."

그러자 조금 창피한 마음도 들었는지 또 눈물을 흘린다.

"꿈이 운동선수라고 했지? 그래서 승리욕이 강하구나."

"예."

"승리욕이 강한 것은 좋은데 늘 이길 수 없잖아. 이기지 못하는 순간 내 마음을 다스리는 것, 그리고 그 좌절감을 딛고 최선을 다하는 것이 정말 중요한 훈련인데…… 안타깝네. 하지만 잘하고 싶어 하는 시우의 마음 이해해."

다시 체육 시간에도 자기 팀이 늘 이겨왔다는 말이 반복되었고, 결국 그런 자신이 억지를 피우고 있을 수도 있음을 이해하는 듯했다.

이야기가 잘 풀려갔다. 갑자기 한 아이가 말한다.

"그 초콜릿 전체 다 주면 안 돼요?"

"이 초콜릿은 노력에 대한 보상, 칭찬, 격려의 의미도 있어. 선생님이 여러 반 여러 학년을 가르쳐서 다 주기는 어렵지. 그래서 맨 첫날과 마지막 날에는 전체 다 주는데."

"아, 그렇네요. 그런데요, 그럼 이런 게임에서는 초콜릿을 주지 말아요."

"왜?"

"초콜릿을 걸고 하니까 너무 경쟁이 붙는 것 같아요."

그러자 옆에 앉은 다른 아이가 말한다.

"야, 난 초콜릿 먹고 싶단 말이야. 오늘 못 받더라도 다음에 받을 수 있고. 이상하게 이 초콜릿은 먹으면 기분이 더 좋아지는 것 같아. 좋은 기분과 같이 먹는 초콜릿."

아이들과 초콜릿을 보상으로 하는 것에 대한 장점을 말하면서 다양한 의견이 오갔다.

"선생님, 그냥…… 오실 때마다 한 줄씩 주면 어때요? 오늘은 1팀, 다음 주는 2팀……."

"그럼, 애들이 오늘은 어차피 받으니 그냥 대강 참여하자는 마음이 들면?"

"그런가요? 하지만, 주는 양이 정해져 있다면 돌아가면서 주는 것이 좋겠는데요."

"좋은 의견이야."

난 우선 용기 내어 제안하며 이 상황을 해결하려는 아이에게 고마움을 표시했다.

"그리고 이런 게임에서는 경쟁이 붙으니까 초콜릿 없이 게임해요."

"그것도 좋은 의견이야."

이 외에 보상의 문제점을 짚어 내듯 아이들은 초콜릿을 주는 것에 대한 공정한 방법을 생각했다.

"여러 의견 내 주어서 정말 고맙다. 그런데, 이것은 다른 친구들에게도 물어봐야겠지?"

울던 시우와 다른 친구들에게 내가 먼저 사과하고, 시우도 사과하면서 일이 마무리되었다. 아이들은 의견을 들어 주어서 고맙다며 교실로 돌아갔다. 다음번 쌍방향 온라인 수업에 들어가자 그 세 아이가 유독 반가워하며 손까지 흔들었다. 아마도 서로 끈끈한 무엇인가가 있었다고 느끼는 것 같았다.

이 사건을 계기로 이렇게 초콜릿을 걸고 게임을 할 때, 아이들에게 게임의 보상으로 초콜릿을 주는 것을 허락하는지부터 물었다. 아울러 '게임에서 최선을 다했는데도 우리 팀이 지더라도 우리는 불만을 표시하지 않고 순순히 받아들이며, 게임 운영자인 선생님이 실수해도 이해하겠습니다.'라고 선서하게 했다.

보상으로 초콜릿 하나를 주더라도 아이들의 자존감과 좌절까지 생각해야 한다. 그래서 교사는 더 섬세해지는 것 같다. 인성교육은 이렇게 프로그램을 운영하는 것뿐만 아니라, 운영 과정에서 겪는 다양한 갈등을 해결하는 과정에서도 많이 배울 수 있음을 새삼 느끼게 된다. 그리고 이 배움은 아이들뿐만 아니라 가르치는 나 자신에게도 약하거나 강렬하게 일어날 수 있음을 깨닫는다. 교사는 가르치는 사람이 아니라 어쩌면 끊임없이 배우는 사람인 것 같다.

5학년 인성 수업 소감문

소감1.

저는 마피아 게임이 가장 재미있었고, 다음은 '기린의 말로 대화해요'입니다. 저는 이 인성교육 시간을 통해 저의 분노와 스트레스를 풀 수 있어서 좋았습니다. 2학기 때도 또 하고 싶지만 그럴 수 없어서 아쉽습니다. 선생님이 제 글을 보시니까 이 말을 하는 것이 아닙니다. 저는 선생님을 너무 존경합니다. 이 시간을 통해 선생님을 볼 수 있어서 너무 좋습니다. 그리고 감사합니다. 선생님, 사랑해요.

소감2.

나는 '친구의 아름다움 찾기'가 가장 인상 깊었다. 칭찬하면서 다른 사람의 기분을 좋게 하고 나의 기분도 정말 좋았기 때문이다. 또 칭찬을 들은 사람은 그 사람과 더 친해질 수도 있기 때문이다. 그리고 나의 아름다움을 찾기 위해 늘 노력할 것이다.

소감3.

나는 비폭력 대화 수업이 제일 재미있었다. 왜냐하면 이 비폭력 대화를 배워서 친구들에게 화를 내지 않아도 충분히 나의 마음을 전할 수 있기 때문이다.

소감4.

나는 기린의 귀로 듣기, 말하기가 가장 재미있었다. 왜냐하면 나는 공감, 비폭력 대화를 잘하지 못하는데, 이 수업을 통해 어떻게 해야 하는지 알게 되어 좋았기 때문이다. 또 생활 속에서도 쉽게 실천할 수 있기 때문이다. 이제부터는 화가 나도 비폭력 대화로 풀어야겠다.

소감5.

나는 프리다 칼로가 재미있었다. 프리다 칼로의 인생은 끝날 것 같은 순간에 아빠 덕분에 살고, 포기하지 않고 자신의 의지로 사는 것이 멋졌다. 그리고 나도 포기하고 싶지 않다.

소감6.

난 〈상처 입은 사슴〉, 프리다 칼로가 가장 기억에 남았다. 끔찍한 사고를 당하고도 그렇게 아름답고 개성적인 그림을 그릴 수 있다는 것이 놀라웠기 때문이다. 그리고 그런 사고를 당하고도 살아남은 것이 기적인 것 같았다. 그런 씩씩함을 지니고 있는 프리다 칼로가 존경스러웠다.

안녕하세요! 선생님~~ 5학년 2반 정서윤이에요! 저는 이책을 처음받았을
때 많은 궁금증이 들었어요. 그렇다가 '이 수업이야말로 내 진심된 마음을 털어놓는
수업이구나'라는 생각을 했어요. 그리고 '우리의 상처 알아보기'라는 활동에서 선생
님께서 써주신 답글이 제에게 큰 도움이 됐고, 다행히 그 친구와 친구사이로 지내게
되었어요. 그리고 오늘 했던 수업에서 내가 무심코 했던 말한마디가 친구에게는 상처
가 되지 않았나 돌아볼 수 있는 시간이 됐어요. 그리고 저는 살면서 제 진실된
속마음을 털어놓은적이 없었는데 선생님 수업시간에는 선생님께서 저를 공감해
주셔서 너무 감사하고 좋았어요. 이렇게 행복한 일들이 셀 수 없을 정도로 많았는
데 벌써 끝났다니 너무 아쉬워요. 이렇게 수업은 끝이 났지만 가끔 복도에서 선생님
을 뵈어서 인사를 할 수 있으면 좋겠어요! 선생님, 그동안 너무 수고많으셨고 감사
했습니다! 6학년 때 (제가) 더 성장한 모습으로 봐요! 사랑합니다 ^^♡

선생님, 저는 마피아 할때 정말 재밌었어요. 물론 다른 수업도 재밌었지만요 ㅎㅎ.
마음별 두드림책은 정말 재밌었어요. 그래서 목요일이 빨리 왔으면 좋겠다
고 생각했어요. 근데 벌써 끝나니 아쉬워요. 이 책 덕분에 느낌을 다
양하게 많이 알았어요. 또 제 자신을 더 잘 안 것 같아요.
또 제게 자신이 더 소중하다는 것도 느꼈어요!!
선생님, 앞으로 영영 못보는 건 아니니까, 6학년때 더 좋은
모습으로 만나요.
선생님 그동안 감사했습니다!

'기린의 귀로 들어요'는 다른 사람의 말을 무시하는 나에게
의미있는 수업이었다. 앞으로는 다른 사람의 말을 경청해주고
공감해주는 내가 되어야겠다. '마음별 두드림'은 사람들의
인격을 바꿀 수 있는 인상깊은 책이다. 나 또한 '마음별
두드림'을 통해 차갑게 식은 내 마음을 녹일 수 있었다.
무엇보다 이 책은 마음이 차갑거나 얼어있는 사람에게
전자레인지 같은 존재였을 것이다. 그동안 수업 재미있게
가르쳐 주셔서 감사합니다, 수석선생님!

인성 수업을 마치며 아이들이 쓴 소감문

5학년을 위한 인성 수업

치유 수업 활동지

나의 버츄 노트

날짜	뽑은 덕목	실천 계획	실천정도 (◎, ○, △)

미덕의 보석들

감사	배려	유연성	창의성
결의	봉사	이상품기	책임감
겸손	사랑	이해	청결
관용	사려	인내	초연
근면	상냥함	인정	충직
기뻐함	소신	자율	친절
기지	신뢰	절도	탁월함
끈기	신용	정돈	평온함
너그러움	열정	정의로움	한결같음
도움	예의	정직	헌신
명예	용기	존중	협동
목적의식	용서	중용	화합
믿음직함	우의	진실함	확신

나? 나!

날짜	주제
	1. 나의 꿈
	2. 내가 태어난 달과 좋아하는 색깔
	3. 내가 존경하는 사람
	4. 내가 되고 싶은 동물
	5. 나의 소원
	6. 내가 좋아하는 친구의 모습
	7. 내가 여행하고 싶은 나라
	8. 내가 추천하고 싶은 책
	9. 내가 되고 싶은 사람

보경쌤 말씀	

1차시	학습주제	내 마음을 나타내는 말들
	학습문제	감정을 나타내는 낱말 찾아보기

활동1. 우리 서로 소개해요

(　　　　　)초등학교 (　　　)학년 (　　　)반 이름:

난, 이런 사람입니다~!

나의 이름은

나의 흥미(좋아하는 거), 특기(잘하는 거)

내가 좋아하는 것은

내가 잘하는 것은

나의 현재 감정은

내가 만난 친구들 사인(이름) 받기

내가 고치고 싶은 점

새 학년이 되어 나의 목표는

활동2. 감정을 표현하는 낱말을 넣어 시 쓰기

※감정을 표현하는 낱말을 내가 아는 대로 써 봅시다. 예) 기쁘다, 슬프다…… • • • •쓴 낱말 중에서 5개를 선택해서 오른쪽에 시를 쓰며 넣어 보세요.	제목:

참고	스스로 평가해 봐요
제목: 5학년 첫날 5학년 첫날, 친구를 많이 못 사귀면 어쩌나 외롭고 두려웠지. 하지만, 저 멀리서 내 이름을 부르는 반가운 친구의 목소리. 한두 명씩 아는 친구들이 눈에 들어와 와, 기쁘고 설레고 황홀하다.	마음을 열고 활동에 적극적으로 참여하였나요? (스스로 평가하여 ○표 하세요) 매우 그렇다 (　　) 그렇다 (　　) 보통이다 (　　) 아니다 (　　) 모르겠다 (　　)

2차시	학습주제	놀면서 익히는 감정 공부
	학습문제	마피아 놀이 속 역할을 수행하며 감정을 다루어 보자

마피아 게임

역할	규칙
마피아 4명 / 시민 9명 / 의사 1명 / 경찰 1명	1. 사회자의 지시에 절대 복종합니다! 2. 여러분의 양심을 믿습니다. 3. 자신의 감정은 감추고 상대의 감정은 읽어야 합니다.

게임 규칙

1. 쪽지를 받습니다. 보자마자 자신이 시민인지 마피아인지 확인합니다.
   (다른 사람 모르게 확인하고 쪽지는 선생님께 냅니다).

2. 사회자의 지시에 따라 마피아끼리 서로를 확인합니다.

3. 사회자의 지시에 따라 돌아가면서 자신이 시민임을 주장합니다.

4. 사회자의 지시에 따라 마피아 같은 사람을 한 명씩 지목합니다. 투표로 결정합니다.

5. 사회자의 지시에 따라 마피아가 죽일 한 명의 시민을 지목합니다.
   의사가 살릴 한 명의 시민을 지목합니다.
   마피아와 의사가 지목한 사람이 같으면 살고 다르면 마피아가 지목한 사람은 죽습니다.

6. 경찰관이 마피아인지 사회자에게 물어봅니다(몰래).

7. 3~6을 반복합니다.

〈게임 끝〉

1) 시민의 수 ≦ 마피아의 수 (마피아의 승리)
2) 시민의 수 〉 마피아의 수 (시민의 승리)

활동3. 활동 평가

• 누가 가장 자신을 잘 숨겼나요?

• 내가 이 게임에 다시 참여한다면 어떤 역할을 하고 싶나요? 이유는?

활동 후 소감	스스로 평가해 봐요
	적극적으로 게임에 참여하거나 관찰하였나요? (스스로 평가하여 ○표 하세요) 매우 그렇다 (　　) 그렇다 (　　) 보통이다 (　　) 아니다 (　　) 모르겠다 (　　)

3차시	학습주제	감정 보드게임
	학습문제	감정 보드게임을 통해 다양한 감정을 이해해 보자

감정 보드게임

역할	규칙
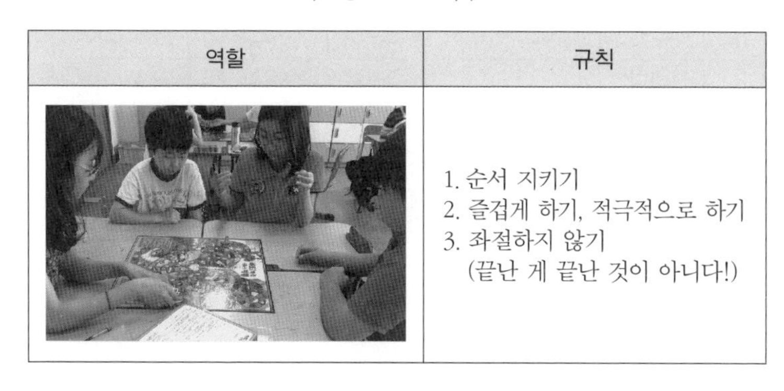	1. 순서 지키기 2. 즐겁게 하기, 적극적으로 하기 3. 좌절하지 않기 (끝난 게 끝난 것이 아니다!)

게임 규칙

1. 말을 하나씩 선택합니다. 순서를 정합니다.
2. 주사위를 던져서 나온 수대로 앞으로 전진합니다.
3. 놀람 얼굴에 도달하면, 놀람 카드의 맨 위 것을 뒤집어서 지시하는 대로 합니다.
   예) 내가 가장 행복할 때의 표정을 짓고, 앞으로 +4 이동합니다.
4. 감정 표시에 도달하면, 언제 그런 감정을 느끼는지 말합니다. 말을 못하면 그 전 자리로 돌아갑니다.
   예) 설레는 표정; 나는 현장학습 가기 전에 설렌다.
5. 먼저 가운데 하트에 도착한 사람이 승리합니다.

연습하기

※다음 표정을 맞혀 보세요.

행복하다				

★힌트
행복하다, 감사하다, 보살피다, 설레다, 슬프다, 차분하다, 난리치다, 용기 있다, 좌절스럽다, 삐치다, 사랑하다, 화나다

활동 후 소감	스스로 평가해 봐요
	적극적으로 게임에 참여하거나 관찰하였나요? (스스로 평가하여 ○표 하세요) 매우 그렇다 (　　) 그렇다 (　　) 보통이다 (　　) 아니다 (　　) 모르겠다 (　　)

4차시	학습주제	감정을 표현해요
	학습문제	음악을 듣고 떠오르는 감정을 표현해 보자

※ 이야기를 들으며, 등장인물들의 감정을 알아봅시다.

활동 1. 등장인물의 감정을 찾아보자!

• 레이먼이 느낀 감정을 써 봅시다.	• 마리솔이 느낀 감정을 써 봅시다.

활동2. 음악을 듣고 그리기

1. 기쁨, 분노, 슬픔, 두려움의 음악을 차례로 듣고
2. 포스트잇에 느껴지는 감정을 그림으로 자유롭게 그립니다.
3. 모둠별로 같은 감정을 그린 그림을 모아서 나누어 가지고 활동지에 붙입니다.
4. 모은 그림을 보고 제목을 붙이고 시로 나타냅니다.

〈그림1: 친구 작품〉	〈그림2: 친구 작품〉
〈그림3: 친구 작품〉	〈그림4: 친구 작품〉

활동3. 친구의 그림을 보고 시 쓰기

제목	

5차시	학습주제	명화 속 감정 찾기
	학습문제	나의 상처 들여다보기

왼쪽의 인물은 '프리다 칼로'입니다.

어느 나라 사람일까요?

(   )

어떤 그림을 그렸을까요?

(   )

활동 1. 프리다 칼로 이야기 시청하기

•프리다 칼로 동영상을 보고 알게 된 사실을 간단히 메모해 봅시다.

활동 2. 프리다 칼로 인터뷰하기

•프리다 칼로에게 하고 싶은 질문을 써 봅시다.
질문 1.
질문 2.
•프리다 칼로에게 질문해 봅시다.

활동3. 우리의 상처 살펴보기

1. 제목

당신은 나에게 상처를 주었어요.
당신이 (　　　　　　　　　　　　　　　　　　　　)라고 할 때
나의 마음은 (　　　　　　　　　　　　　　　　　　　　).
그 상처는 마치 (　　　　　　　　　　　　　　　　　　) 같아요.
왜 당신은 (　　　　　　　　　　　　　　　　　　　　　)?

2.

하지만 이제 당신을 (　　　　　　　　　)할 거예요.
왜냐하면(　　　　　　　　　　　　　　　　　　　　　　) 때문이지요.
이것은 당신을 위해서가 아닙니다. 나를 위해서입니다.

3. 위로의 편지 쓰기

상처 입은 친구에게

4. 활동을 하면서 느낀 점은 무엇인가요?

6차시	학습주제	친절한 행동
	학습문제	친구에 대한 공감과 친절한 행동의 실천 방법

친절한 행동은 어떤 행동인가요?

(

)

활동1. 질문 만들기

※등장인물과의 인터뷰에서 할 질문을 써 봅시다.

주인공(클로이)에게 할 질문	마야에게 할 질문
질문1.	질문1.
질문2.	질문2.
질문3.	질문3.

활동2. 시간을 돌려~

• 내가 클로이, 마야 반의 학생이라면 어떻게 하겠습니까? 이유는?

활동3. 내가 실천할 친절

※우리 반을 위해서 내가 실천할 '친절한 행동'을 구체적으로 써 봅시다.

1.
2.
3.
4.

활동 후 소감	스스로 평가해 봐요
	배움 활동에 적극적으로 참여하였나요? (스스로 평가하여 ○표 하세요) 매우 그렇다 ( ) 그렇다 ( ) 보통이다 ( ) 아니다 ( ) 모르겠다 ( )

7차시	학습주제	친구의 아름다움 찾기
	학습문제	칭찬 샤워 활동을 통해 친구의 장점을 찾아 격려하기

아름다움이란?

( )

내가 생각하는 가장 아름다운 것은?

( )

활동 1. 친구의 아름다움 찾기

1. 나의 공책을 나의 오른쪽 친구에게 줍니다.
2. 내가 받은 공책의 주인인 친구의 아름다움을 쓰고, 작은 네모칸에는 내 이름을 씁니다.
3. 다른 친구들이 써 준 내용과 겹치지 않도록 합니다.
4. 장난하고 싶은 마음을 꾹 참고, 진지하고 진실하게 성성을 다해 써 줍니다.
5. 쓴 후에는 또 오른쪽 친구에게 주고, 마지막으로 나에게 오면 자신의 아름다움을 씁니다.

※ [ ]의 아름다움을 찾아주세요!

아름다움에는
외면적,
내면적,
도덕적
아름다움이
있습니다.
다양하게
찾아주세요.

아하! 나의 아름다움은…

활동2. 나의 아름다움 찾기

1. 모둠별 활동입니다.
2. 한 친구를 주인공으로 하고 돌아가면서 그 친구의 아름다움을 이야기 합니다. (한 사람당 3번씩 돌아갑니다)
3. 듣고 있는 친구는 가장 마음에 드는 칭찬을 기억합니다. (너무 쑥스러워하거나 거부하지 말고, 칭찬의 말에 '고마워'라고 반응합니다)

•가장 마음에 드는 칭찬은? 이유는?

활동3. 나의 아름다움을 가꾸는 방법

•나의 아름다움을 가꾸는 방법
소중한 나의 몸을 위하여
내면의 아름다움을 가꾸기 위하여
도덕적인 아름다움을 키워가는 사람이 되기 위하여

나는 진정으로 아름다운 사람이 되기 위하여
위의 다짐을 지킬 것을 약속합니다!

다짐자 (　　　)학년 (　　　)반 이름:

8차시	학습주제	기린의 귀로 들어요
	학습문제	경청의 중요함과 방법을 알고 실천하기

기린의 귀로 듣는다는 것은 무슨 뜻일까요?

(

)

활동1. 느낌과 바람 찾기

공감하는 사람은 이렇게 행동해요	공감하는 사람은 이렇게 들어요
-상대방을 향해 앉아요. -그 사람을 부드럽게 바라보아요. -끼어들어 말을 끊지 않아요. -고개를 끄덕이거나, 듣고 있다는 신호를 보내요. -"그렇구나." 하고 맞장구를 쳐줘요. 또는 친구가 한 말을 되풀이하거나 요약해서 말해 줘봐요.(네가 말하는 것이 ~라는 뜻이지?)	-관찰해요: 옳은지 그른지 판단하며 듣지 않고, 얼굴표정과 말, 행동을 조용히 보아요. -느끼려고 해요: 그 사람이 어떤 느낌인지 이해하려고 해요. 그 사람 입장에서 생각해요. -원하는 것 알아보기: 상대가 진정으로 원하는 것이 무엇인지 파악해요. 질문도 할 수 있어요. -위로를 해 주되, 섣불리 칭찬하지 않아요. -내 경험이 비슷한 경험이 있으면 짤막하게 이야기를 꺼내지만, 내 이야기를 길게 하지 않아요.

공감의 예

친구: 난, 되는 일이 하나도 없어. 짜증나.

공감: 일이 잘 되지 않아서 실망스럽나 보네.

친구: 어, 되는 일이 하나도 없어. 공부에 집중도 안 되고 매일 선생님에게 혼나고….

공감: 요즘, 이래저래 많이 힘들구나. 공부도 걱정되고 선생님에게 혼나니 더 불안하고. 친구: 응, 힘들지. 걱정되고, 불안하고. 공감: 너가 공부도 좀 효율적으로 잘 하고 싶고, 선생님께 인정도 받고 싶은 것 같아. 친구: 그래, 그렇지. 공감: 너의 그런 마음이 느껴져서 반갑고 다행이야.

공감이란 (   )이다.

왜냐하면, ______________________________

활동2. 우리의 아름다운 데이트

누구와	
어디서	
어떤 이야기를	
친구의 말을 들으며 느낀 점	
친구가 들어 주는 태도를 들으며 느낀 점	

9차시	학습주제	기린의 말로 대화해요
	학습문제	비폭력 대화(평화 대화)를 익혀 실천하기

기린의 대화란 어떻게 하는 대화일까요?

(

)

활동1. 비폭력 대화 연습하기

비폭력 대화의 예

관찰 지난 한 달 동안 네가 나를 부를 때 이름이 아닌 별명으로 부르더라.

느낌 그럴 때마다 당황스럽고 불편하고 속상해.

바람 난, 존중받고 싶어.

부탁 내 이름이 있으니 이름을 불러 주면 좋겠어.

활동 후 소감	스스로 평가해 봐요
	배움 활동에 적극적으로 참여하였나요? (스스로 평가하여 ○표 하세요) 매우 그렇다 (　　) 그렇다 (　　) 보통이다 (　　) 아니다 (　　) 모르겠다 (　　)

상황1

새로 사귀기 시작한 친구와 둘이서 놀이공원에 놀러가기로 했는데, 그날 그 친구가 자기와 가장 친한 친구라고 하면서 다른 아이와 함께 나왔다.

느낌:

바람:

상황2

엄마가 내가 좋아하는 장난감을 사 주기로 했는데, 막상 그날이 되니 공부에 도움도 안 되는 것을 뭐 하러 사느냐며 전에 한 약속을 어겼다.

느낌:

바람:

상황3

내가 충분히 할 수 있는 일인데 느리다며 엄마가 다 해 주고 거북이 같이 행동해서 어떻게 사느냐며 잔소리를 하신다.

느낌:

바람:

기타 상황

느낌:

바람:

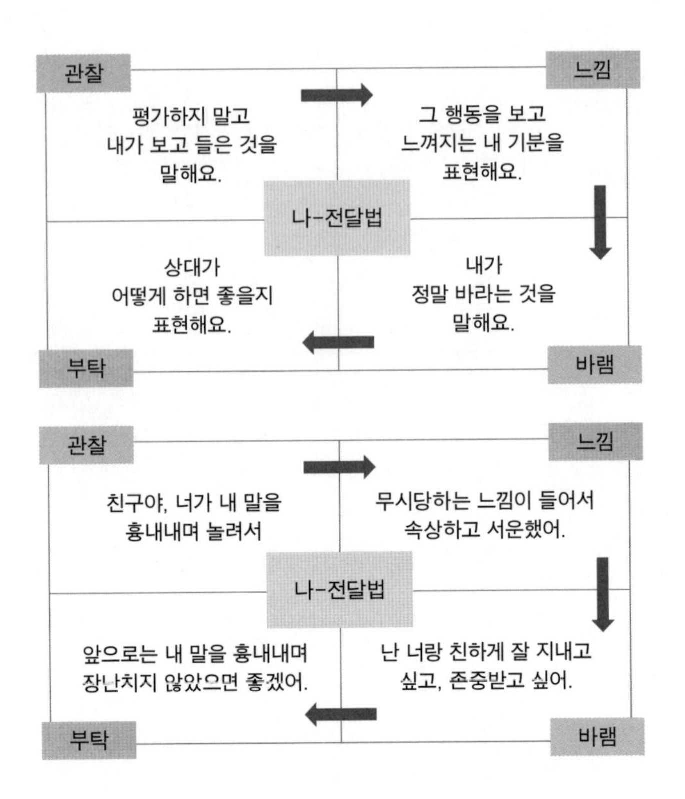
관찰
느낌
평가하지 말고
내가 보고 들은 것을
말해요.
그 행동을 보고
느껴지는 내 기분을
표현해요.
나-전달법
상대가
어떻게 하면 좋을지
표현해요.
내가
정말 바라는 것을
말해요.
부탁
바램
관찰
느낌
친구야, 너가 내 말을
흉내내며 놀려서
무시당하는 느낌이 들어서
속상하고 서운했어.
나-전달법
앞으로는 내 말을 흉내내며
장난치지 않았으면 좋겠어.
난 너랑 친하게 잘 지내고
싶고, 존중받고 싶어.
부탁
바램

상황

관찰:

느낌:

바람:

부탁:

※쓴 내용을 가지고 짝과 연습해 봅시다.

자유 메모	스스로 평가해 봐요
	이번 인성 수업 동안 나는 열심히 참여했나요? (스스로 평가하여 ○표 하세요) 매우 그렇다 (　　) 그렇다 (　　) 보통이다 (　　) 아니다 (　　) 모르겠다 (　　)

이 책을 선택해 주신 선생님께 감사의 말씀 드립니다.

아래의 인터넷 주소에 인성 수업을 위한 수업 녹화자료를 공유합니다.

코로나-19로 대면 수업이 어려운 상황에 도움이 되길 바랍니다.

http://cafe.daum.net/elmoco